教養として学んでおきたい日本の皇室

西川恵

マイナビ新書

はじめに

天皇、そして天皇を中心とする皇室は、日本人にとってどのような存在なのでしょう。

日本国憲法第1条は「天皇は、日本国の象徴であり日本国民統合の象徴であって、この地位は、主権の存する日本国民の総意に基づく」と規定しています。

これを分かりやすく言えば、天皇は日本の人々を一つにまとめる象徴的な存在ということになります。このことは天皇制廃止論者の一部を除いて、ほぼ国民の間で合意形成されていると言っていいでしょう。

国民の信頼と尊敬と敬愛の念に支えられた天皇のまとめる力が、日本の政治、社会の分断と亀裂が深まるのを防ぎ、戦後の日本に安定をもたらしてきたことは紛れもない事実です。

とくに近年は、グローバリズム、インターネットやSNSなどによって社会の価値が激しく揺れ動き、人々が流砂化し、政治自体も合意を形成する力を大きく失っています。そのなかで、人々を包摂し、静かな言葉で語りかけられ、対立と反目と猜疑心を和らげる緩衝的な役割を果たされている天皇の存在がますます重要になっていると感じます。

というのは政治不信が強まるほど、また社会不安が高まるほど、より信頼し信用し希望が託せるものへ心が傾くように、天皇への敬愛と共感が強まっています。天皇の言葉を聴きたい、天皇はどのように考えておられるのか、という思いが人々の間で高まるように感じるからです。

2011年の東日本大震災(3・11)のときがそうでした。震災発生5日後の16日、明仁《あきひと》天皇はテレビを通じてメッセージを読み上げられ、被災者への深い思いを語り、内外の救援組織の人々への感謝を表明し、被災者の苦難を皆で分かち合っていくことの大切さを訴えられました。これが「日本はどうなってしまうのだろう」と暗澹《あんたん》たる気持ちにあった国民をどれほど励まし、力づけてくれたか、改めて思わざるを得ません。

2021年1月1日、今上天皇、雅子皇后が新年のビデオメッセージで、新型コロナウイルスについて語られたのもそうでした。両陛下は医療・保健・介護などに最前線で携わる人々の努力と献身に感謝を表明し、国民が互いに思いやりをもち、助け合い、支え合っていくことの大切さを訴えられました。

未知のウイルスに対する社会不安のなかで、天皇は人々が対立と反目と猜疑心を解き、心を一つにすることの大切さを語られたのです。これは天皇の言葉を聴きたいという人々の願いに応えられた側面もあることは押さえておいてしかるべきと思います。

そうした今日的な天皇の役割を考えつつ、天皇は人々を一つにまとめられる上でどのような幅広い活動と努力と献身をされているのか、またそれはどのような歴史と伝統に支えられているのか、基本的なところを探っていこうと思います。

神話世界にさかのぼる天皇と皇室のルーツを縦軸にして、長きにわたって皇室が守ってきた伝統と文化と祭祀の実際、天皇や皇族方のお仕事の内容、「日本の最高の外交資産」と形容されるまでになっている国際親善の中身、そして差し迫った懸案である皇位継承問題などを辿っていきます。

かつては権力を大いに振るった古代の天皇、貴族に取り囲まれ御簾《みす》の向こうに隠れていた天皇、またある時期は軍服に身を包んだ天皇。そうした幾つかのイメージを経て、いま今上天皇になって、天皇はこれまでになく人々に身近な存在になっています。それに比して私たちは天皇と皇室のことを知らなさすぎるのではないでしょうか。これがこの本を書いた動機です。

教養として学んでおきたい日本の皇室

目次

第1章　退位と即位

第4章　天皇のお仕事

第5章　天皇・皇后の国際親善

第6章　皇室ファミリー

第7章　皇位継承問題

第8章　天皇3代と世界

第1章

退位と即位

200年ぶりの生前退位

昭和天皇まで過去124代の天皇のうち、退位された方は五八人います。明仁天皇の前は江戸時代の光格《こうかく》天皇（第119代、在位1779〜1817年）ですから、200年も前にさかのぼります。

明仁天皇が2016年8月8日にテレビで、生前退位の意向をにじませるビデオメッセージを発表すると、識者からさまざまな角度からの意見が噴出しました。

一つは、天皇の行為は憲法違反ではないかとの意見です。日本国憲法第4条は「天皇は…国政に関する権限を有しない」と規定しています。政治から距離を置くべき天皇が、自らのお考えを表明して政治を動かそうとしているのではないか、というのです。

実際にその後、政府によって「天皇の公務の負担軽減等に関する有識者会議」が設置され、退位に道が開けましたから、ある識者はビデオメッセージを「憲法の規定から足が出ているか、土俵の上に乗っているか、極めて危うい状況」と表現しま

明仁天皇によるビデオメッセージを伝える様子

した。
摂政《せっしょう》ではなぜダメなのか、という識者の意見もありました。「ご高齢で体が思うようにならなくなられたら、お務めは摂政が代行すればいいのではないか」と。
さらに議論は発展して、「象徴天皇とはどのような存在なのか」という、平和憲法の下での本質的な問題へと入っていきました。さまざまな意見が、右派、保守・中道、リベラル派、左派など、それぞれの立場から表明されました。
しかしそうしたさまざまの議論も、世論の8割が明仁天皇の退位を支持するという事実の前に、流れは決まりました。

安倍晋三政権は天皇のビデオメッセージから1カ月半後、「天皇の公務の負担軽減等に関する有識者会議」の設置を決定。この有識者会議の答申を受けて、翌2017年6月には、退位を認める「皇室典範特例法」が成立しました。

明仁天皇はなぜ退位を決意されたのでしょう。天皇家の重要事項の相談にあずかる参与は、天皇を中心に折々に集まって参与会議を開いていますが、明仁天皇は2010年の参与会議で初めて退位の意向を明らかにされました。参与からは、お務めを軽減する、摂政を置くなどの代替案が示されましたが、天皇の意思は変わりませんでした。

ビデオメッセージ（202ページ参照）を読むと分かりますが、全身全霊でもってお務めを果たすのが象徴天皇の責務であって、そのお務めを高齢だからといって軽減したり、摂政に代行させたりすることはあり得ない。そのときは天皇の地位を下りるべきだ、との確固たる信念が明仁天皇にはありました。

参与会議で自分の考えを示しても事態がなかなか動かないので、ビデオメッセージとなったのでしょう。憲法違反かどうかの問題もありましたが、人々は天皇のそうした心情をまずくみ取って、退位を支持したのです。こうして2019年4月30日、「退位礼正殿の儀」がとり行われ、明仁天皇は退位されました。

生前退位　新しい発見

200年ぶりに行われた生前退位でしたが、実際に行われてみるといろいろと新鮮な発見がありました。

まず、軽やかな明るい空気のなかで平成が幕を閉じ、令和に入ったことです。昭和の末期は、昭和天皇の容態が急変してから最後の3カ月余、日本全体が自粛ムードになり、政治、経済、暮らしが停滞しました。しかし平成の終わりは、人々は感謝と慰労と敬意を込めて、明仁天皇と美智子皇后をお見送りする時間を与えられました。

平成最後の数カ月の盛り上がりは、格別に印象的でした。両陛下の天皇、皇后として最後の姿を目にとどめようと、訪れる先々に人々が待ち受け、異口同音に発したのが「有り難うございました」「ご苦労さまでした」でした。「これからはお二人の生活を楽しんでいただきたい」という言葉もありました。これまでの両陛下に対する人々の感謝の思いが凝縮していました。

退位特例法が成立して退位までの1年10カ月、国民一人ひとりにとって両陛下の歩みを改めて振り返り、皇室を考える機会となったことは間違いありません。同時にこの1年10カ月は、次の時代を迎える心構えを作るプロセスでもありました。

退位に先駆けた1カ月前、日本最古の和歌文学である『万葉集』からとった新元号「令和」が発表されました（2019年4月1日）。中国の古典でなく、初めて国書からとられたことにさまざまな意見と感想が飛び交いましたが、これも新時代への心構えを整える役割を果たしました。

昭和天皇は1989年1月7日にお亡くなりになりましたが、昭和の末期は、天皇の体温や脈拍などが事細かに報じられる痛々しさと、次の時代を口にするのもはばかられる雰囲気が社会を覆っていました。終身在位の天皇の場合、その「死」によって時代が断ち切られ、喪失感の中で次の時代が始まるのが宿命付けられていました。

安倍晋三首相が明仁天皇の退位直前まで欧米加6カ国を訪問し、トップ外交を展開できたのも、生前退位で断絶なく皇位の継承がなされるからでした。昭和天皇のときは、病状が悪化してから竹下登首相（当時）をはじめ閣僚は、やむを得ない事情以外は国内にとどまるよう禁足令が出されたのと大きな違いです。

また「大喪の礼」（１９８９年2月24日）には、世界１６４カ国の元首・首脳級が参列し、儀式運営に膨大なエネルギーが注ぎ込まれました。これと並行して即位の儀式の準備が行われたわけで、内政、外交への負担は大きなものがありました。

平成から令和への移行期には、そうした断絶や負担、喪失感は一切ありませんでした。各地へのご旅行、被災地のご訪問など、精力的に人々と触れ合われてきた明仁天皇、美智子皇后にふさわしいお見送りがなされ、軽やかな空気のなかで２０１9年4月30日、退位されました。ビデオメッセージの発表から2年8カ月余でした。

第126代天皇、徳仁皇太子の即位

退位の翌日の2019年5月1日、徳仁《なるひと》皇太子が第126代天皇に即位されました。

平成のときにのっとって行われた「即位の礼」は、五つの儀式からなります。いずれも憲法に規定された国事行為で、「剣璽等承継《けんじとうしょうけい》の儀《ぎ》」「即位後朝見《そくいごちょうけん》の儀《ぎ》」「即位《そくい》礼正殿《れいせいでん》の儀《ぎ》」「饗宴《きょうえん》の儀《ぎ》」「祝賀御列《しゅくがおんれつ》の儀《ぎ》」です。前二つはいうならば内々の儀式で、「即位礼正殿の儀」「饗宴の儀」「祝賀御列の儀」の三つは外に向けた儀式といえます。

1日午前、皇居・宮殿「松の間」で最初に行われたのが「剣璽等承継の儀」です。これは皇位のしるしとされる三種の神器のうち、剣と璽《まがたま》（勾玉）を、御璽《ぎょじ》（天皇の印章）と国璽《こくじ》（国の印章）とともに引き継ぐ儀式です。

皇位継承順1位の皇嗣《こうし》となられた秋篠宮文仁《あきしののみやふみひと》さまをはじめ、安倍晋三首相ら三権の長や閣僚らが参列しました。皇族の参列は、皇位継承資格を有する成人の男性皇族に限定されています。侍従が剣と璽、国璽、御璽を、天皇の前の机に安置。つづいて天皇が、剣と璽、国璽、御璽を携えた侍従と共に退出し、儀式は終了しました。

つづいて即位後に初めて公式に三権の長などに会われる「即位後朝見の儀」が滞りなくとり行われました。

この即位から約半年を置いた10月22日、新天皇が内外に即位を宣言する「即位礼正殿の儀」（即位の礼）と「饗宴の儀」がもたれましたが、それまでの5カ月余はいわば助走期間でした。

今上天皇と雅子皇后はトランプ米大統領夫妻を初の国賓で、マクロン仏大統領夫妻を公式実務賓客で迎え、国際会議で来日した賓客を数多くもてなされ国際親善を果たされました。また国内の行事でも、全国豊かな海づくり大会（秋田県）や国体総合開会式（茨城県）などで精力的に地方に足を運ばれました。

この助走期間で確認されたことがありました。令和になる前、人々は「新皇后のお体は大丈夫だろうか」との危惧を抱いていました。皇太子妃のときと同様、休み休みいかねばならず、今上天皇が単独で公務を果たされるのもやむを得ないという思いがありました。

しかし「即位後朝見の儀」では、映像で流れる天皇の横に立たれる皇后は、それまでの病弱なご様子とは違って、堂々とした振る舞いを見せられたのです。4日の即位を祝う一般参賀でも、宮殿・長和殿のベランダに天皇とともに6回立たれ、存在感を見せられました。

助走期間に確認されたもう一つは、諸行事へのお出ましは、やはりカップルが似合われるということでした。皇太子時代、今上天皇は国内、外国での諸行事や国際親善に、単独でも支障なく務められてきました。しかし令和になって、外国の賓客をご夫妻で迎え、国内にご一緒に行かれるようになると、天皇が生き生きとしているように見受けられました。皇后が関係者と熱心に話されている脇で温かく見守っているご様子から、皇后とカップルでお務めを果たし、責務を分かち合われていることの嬉しさが伝わってきました。

伝統文化の粋を見せた即位礼正殿の儀

10月22日、即位の礼の一連の儀式のなかで、内外に向けて最も重要な「即位礼正殿の儀」が行われました。安倍晋三首相ら三権の長、各界代表、それに来日した世界170カ国を超える元首、王族、首相、国際機関の祝賀使節が参列しました。

平成の即位の礼につづき2回目となるチャールズ英皇太子、前回は皇太子として出席したスペインのフェリペ6世国王のほか、オランダのウィレム・アレクサンダー国王、モナコのアルベール2世公などの王族。フィリピンのドゥテルテ大統領、米国はペンス副大統領が参列予定でしたが、政治・外交日程の都合でチャオ運輸長官になりました。中国は王岐山・国家副主席などが顔を揃えました。

宮殿の中庭には、旛《ばん》と呼ばれる赤、黄、緑、青の色鮮やかなのぼりが立ち、古装束に身を包んだ宮内庁職員が弓や太刀を持って威儀を正します。皇位のしるしの三種の神器のうち剣、璽《まがたま》を侍従が捧げ持ちます。平安朝絵巻さながらの光景です。

宮殿「松の間」には、古代中国に起源をもつといわれる、天皇が上られる高御座《たかみくら》と、皇后が上られる御帳台《みちょうだい》が、帳《とばり》が下ろされたまま設置されています。

午後1時過ぎ、静寂のなかをかん高いカーンという鉦《しょう》（かね）の音が響き、参列者が起立しました。侍従が帳をゆっくりと開くと、高御座には黄色がかった装束

即位礼正殿の儀の様子

「黄櫨染御袍《こうろぜんのごほう》」をまとわれた天皇が、御帳台には十二単《じゅうにひとえ》姿の皇后が、それぞれ正面をまっすぐ見据えて立たれていました。鼓《こ》（太鼓）が響き、参列者は礼をしました。

天皇はおことばで「国民の幸せと世界の平和を常に願い、国民に寄り添いながら、憲法にのっとり、日本国及び日本国民統合の象徴としてのつとめを果たすことを誓います」と述べられました。

安倍首相が進み出て万歳を三唱し、これに参列者が唱和。高御座と御帳台の帳が再び閉じられると鉦が鳴り、参列者は着席しました。この間30分。音楽も説明もまったくない静寂の中での儀式でした。

この日は朝から雨でしたが、儀式が始まるころに雨が上がり、雲の合間から青空ものぞき、虹もみえました。これを天の祝意ととらえた人もいたのでしょう。ネットには書き込みと、都心にかかった虹の写真の投稿が相次ぎました。

前回の即位の礼に参列した指揮者の故・朝比奈隆さんは「もっといかめしい感じの儀式と思っていたが、簡素でさわやかな印象だった。…一切の説明がなく、鉦のカーンで起立、鼓のポンで礼、また鉦で着席と、三つの音だけで式が終了したのが何よりもよかった」と音楽家らしい感想を述べています。

中国人の法政大学教授（比較文化）の王敏さんも、前回の即位の礼をテレビで見ていて、今上天皇の即位の礼の前に新聞にコメントを寄せています。

「日本の宮中祭祀《さいし》に似たものが中国の古代にもありました。日本では現代にそれらが行われていることに中国人は驚きます。…中国でいえば、紀元前の始皇帝の時代の風がいまも吹いているようなものです」「即位礼のようなイベントは歴史、文化、伝統を総合的に学習する非常にいい機会です。皇室文化はアジアが共有した伝統文化の核心部分だと思います」（2019年10月10日付日本経済新聞朝刊）。

日本に観光で訪れる中国や韓国の人たちは、京都などで古い建築や文物を目にすると、「ここに私たちの古い文化がある」と驚きます。自分たちの国では幾多の戦乱と混乱と革命で破壊され、記録としてしか残っていない伝統文化が日本では現存しているからです。

皇室は古代から中国、朝鮮半島との行き来を通じ、大陸の文化を祭祀・風習・文物などに取り入れてきました。しかもそれを廃れさせることなく守ってきて、現代に生かしている。日本人にはあまり不思議なことではないですが、外国人にとっては大きな驚きです。即位の礼は皇室の文化の粋とともに、さらには古代の大陸との文化交流を垣間見せ、参列した人々に改めて皇室の長い歴史をしのばせたのです。

政府は外国使節の日本滞在中、世話役の接伴員をつけましたが、接伴員を通じて儀式の感想が多く寄せられました。

「自分の父は、上皇陛下の即位の礼に参加をさせていただいたが、今回はこの歴史的機会に自分たちが参加できて心から嬉しく思う」（ブータンのワンチュク国王）

「正殿の儀は本当に美しい儀式でした。当日は雨が降っていたのが、両陛下がお姿を見せられたときに雨が止み、一条の陽がさしてきたのには非常に心動かされました」（ブータンのジツェン・ペマ王妃）

「日本にとって数十年に一度の歴史的な行事に参列できたことは光栄です。それぞれの式典は伝統と文化を深く感じさせる重厚なもので、感銘を受けました。日本政府のアレンジも素晴らしく、整然と時間通りに行事が進行し、時間と秩序を重んじる日本らしさにも感銘を受けました」（ミャンマーのアウン・サン・スー・チー国家最高顧問）

「即位礼正殿の儀は、大変素晴らしい式典であった。まるで時代をさかのぼったような感覚だった」（ルクセンブルグのアンリ大公）

「即位の礼は、完全な沈黙の中で始まり、厳かな儀式で非常に感銘を受けた。天皇陛下のおことばと引き続き行われた総理のお祝いのあいさつは簡潔で素晴らしかった」（バチカンのモンテリーズィ枢機卿）

饗宴の儀　祝賀使節へのもてなし

その夜から10月31日までの10日間、即位を祝う「饗宴の儀」が4回もたれました。前回、饗宴の儀は4日連続で、このうち3日間は昼夜2回ずつで、計7回すべて着席で行われました。今回は両陛下の負担軽減のため4回に減らし、着席も初日の晩餐会と2回目（25日）の午餐会の2回だけ。残りは立食としました。4回合わせての招待者は二六〇〇人と、前回よりも八〇〇人少なくなりました。

メインとなる初日の晩餐会は外国の賓客を中心に催されました。

シャンデリアが輝く「豊明殿」に三〇〇人が着席。天皇の右隣の最上席にはブルネイのボルキア国王、雅子皇后の左隣の、二番手の席にはスウェーデンのカール16世グスタフ国王。両国王は在位期間がそれぞれ52年、46年と、来日した国王の中では最も長く、それにふさわしい席が与えられたのです。

同じメインテーブルはオランダのウィレム・アレクサンダー国王夫妻、ベルギーのフィリップ国王夫妻など皇室との交流が深い欧州の国王、王族夫妻らが占めました。壮観な光景でした。

ふつうは宮中晩餐会では食事前に天皇のおことば、賓客の答礼スピーチ、国歌演奏、乾杯のセレモニーがありますが、この日はすべて省かれ、両陛下が座るとすぐに食事が始まりました。

メニューは次のような内容でした。

・前菜　かすご鯛姿焼、海老鉄扇《えびてっせん》、鮑塩蒸、百合根、鴨錦焼、黄柚子釜《きゆずがま》、篠鮟肝《しのあんきも》、栗、胡瓜
・酢の物　魚介酢漬（スモークサーモン、帆立貝、鮃、公魚《わかさぎ》）
・焼物　牛肉アスパラガス巻、ブロッコリー、生椎茸、小玉葱、小トマト
・温物　茶碗蒸（鱶鰭《ふかひれ》、舞茸、三つ葉）
・揚物　三色揚（蟹、鱚《きす》、若鶏）、紅葉麩《もみじふ》、慈姑《くわい》、銀杏、松葉そば
・加薬飯　鯛曽保呂《たいそぼろ》、筍、椎茸、干瓢《かんぴょう》、錦糸玉子、紅生姜
・吸い物　伊勢海老葛打《いせえびくずうち》、松茸、つる菜

・果物　メロン、苺、パパイア
・菓子　和菓子2種
・コルトン・シャルルマーニュ　2011年
・シャトー・マルゴー　2007年
・日本酒

料理は前回初日の「饗宴の儀」（1990年11月）とほぼ同じ内容でした。全体としては魚介と野菜が中心で、事前に情報収集して、菜食主義者やイスラム教徒には、相手に応じた料理も用意されました。

飲み物はフランスワインで、白の〈コルトン・シャルルマーニュ〉は仏ブルゴーニュ地方の最高級、赤の〈シャトー・マルゴー〉は仏ボルドー地方の最高峰である5大シャトーの一つ。三〇〇人の招待客だと白赤各50本以上は揃えたと思われます。白は2011年で、東日本大震災の年をあえて選んだのではないでしょうか。赤の２００７年は、今上天皇が皇太子として国連「水と衛生に関する諮問委員会」の名誉総裁に就任した年です。日本の皇族が国連などの常設の国際機関の役職に就くのは初めてのことでした。

料理は都内のホテルが担当しました。宮内庁の大膳課ではこれだけの規模の饗宴をまかなうことはできず、一般入札で決まりました。計４回、二六〇〇人分の料理の予算（ワイン代は別）は８４２０万円ですが、初日の晩餐会にその多くが割かれました。

食事が終わると、両陛下は招待者と共に「春秋の間」に移り、食後酒を手に歓談されました。この後、外国の参列者だけ「松風の間」に移り、両陛下はお一人おひとりにお礼を述べられたのです。国の大小を問わず、誰に対しても等しく対応することを旨とする皇室の伝統です。

翌23日は、天皇、皇后両陛下は外国の賓客をお住まいの赤坂御所に招かれ、茶会を催されました。秋篠宮ご夫妻ら皇族方が接待役となり、世界の王族と懇意の上皇ご夫妻も途中から加わり、和やかに歓談されました。その夜は外国の賓客を招いて、安倍首相夫妻主催の祝宴が都内のホテルで開かれました。

二つの饗宴と、その間に両陛下のお茶会もはさみ、日本は祝賀使節を丁重にもてなし、今上天皇の即位の礼のために遠路はるばる参列してくれたことに感謝を表したのです。

平成と令和　変化した皇室観

饗宴の儀は最後の4回目が10月31日に終わりました。パレードの「祝賀御列の儀」も11月10日に行われ、これで滞りなく半年かけた「即位の礼」の一連の儀式は終了したのです。

平成と令和の即位の礼を比べたとき、皇室をとりまく環境の変化を感じないわけにはいきません。

平成のときは「即位礼正殿の儀」と「祝賀御列の儀」は１９９０年11月12日に行われました。これに合わせて14発の迫撃弾が皇居方面に向けて発射されました。迫撃弾といってもいずれも途中で落下する代物で、中核派などの過激派によるものとみられました。命中させるのが目的ではなく、華々しく「天皇制・皇室反対」を打ち上げる示威行為が目的でした。地下鉄や映画館や神社でも発火装置によるボヤが起きていて、11月末までの19日間にゲリラ事件は全国70件に上りました。

当時、中核派などの過激派には幾つかの闘争目標があり、それをよく表しているのが「天皇即位儀式粉砕」「大嘗祭《だいじょうさい》反対」「自衛隊海外派遣反対」の三つのスローガンです。これらはバラバラの闘争目標ではなく、天皇制と大嘗祭と自衛隊海外派遣は一体のものとして捉えられていました。

このころ湾岸危機のさなかで、国際貢献をめぐって自衛隊の多国籍軍への協力を可能にする「国連平和協力法案」が急ぎ準備されるなどしていました（最終的には頓挫）。天皇制の下で軍部が中国や東南アジアを侵略した過去は、自衛隊の海外派遣という形で復活しつつあり、かつての国家神道は、政府による大嘗祭のとり行いという形で芽吹いている。そしてこの動きの中心にあるのが皇室――と彼らは見たのでした。

過激派だけではありません。市民団体も天皇制や大嘗祭に反対して、活発にデモや集会を開きました。「天皇の代替わりを利用した天皇制強化を許すな」のスローガンもあり、天皇制や皇室へのアレルギーが一定程度、存在していました。

これから比べると、いま皇室を取り巻く環境は大きく変わりました。今上天皇の即位の礼の間、ゲリラ事件は一件も起きませんでした。「大嘗祭は政教分離の原則から憲法違反」という批判はありますが、これは大嘗祭に公費を支出する政府に向けられた批判で、皇室に向けられたものではありません。

この29年の間に「平和主義の皇室」というイメージがすっかり定着し、中道派から左の勢力は「皇室は憲法を守る防波堤となっている」ととらえている観さえあります。先の両陛下が果たしてきた慰霊の旅を含む象徴としての役割に人々が信頼を高め、共感し、薄皮をはぐようにアレルギーが取り払われてきた結果ともいえます。

平成と令和の出発点にあたって、皇室を取り巻く環境はかくまでに異なっていたのです。

生前退位の今後

先の天皇の退位が皇室典範特例法で決まったとき、識者の間ではある懸念が提起されました。それは上皇、上皇后となられると、天皇との権威の二重化が生じるのではないかという懸念でした。歴史的にみれば、上皇が天皇の権威をないがしろにし、自分が表に立ち、主導権を握ることに固執したケースは枚挙にいとまがありません。

上皇は象徴としての行為ができなくなりますが、私的行為まで禁じられるわけではありません。例えば私人として被災地を訪れたいと言えば認められるでしょう。また上皇より制限のない上皇后がひんぱんに外出を続け、皇后よりも注目を浴びることは考えられます。しかし退位後をみると、上皇、上皇后はそのあたりも、十分にわきまえて行動していることが窺えます。

先に触れましたが、「即位礼正殿の儀」の翌日、両陛下はお茶会を催されました。上皇、上皇后もご出席されましたが、一足遅れて加わるなど、自分たちが前面に立たないようにしていることが分かります。欧州をはじめとする世界の王室の方々と懇意にされてきた上皇、上皇后ですから、この場合はご出席になり、今上天皇の即位の礼に参列してもらったことにお礼を述べるのが自然です。

今回、退位は一代限りの特例法で決まり、制度化されませんでした。「例外として退位が認められただけ」との意見もあります。これについて有識者会議で座長代理を務めた政治学者の御厨貴氏は「皇室典範の改正ではなかったとはいえ、又同様のケースが生じたとき、有識者会議の最終報告書が参照されることは間違いありません。特例法は慣習法化していくものと考えています」と述べています。退位がふつうのこととなっていくかどうかは、一にかかって世論にあると言えるでしょう。

最後に退位と譲位について触れておきます。研究者の中には「退位でなく譲位を使うべきだ」との意見があります。天皇が自らの意思で位を譲るのが本来のあり方だ、というのです。歴史的には確かにそうです。ただそうなると天皇の政治的な発言と行為を禁じている憲法に抵触するおそれがあります。このため政府は「退位」をもちいるようにしたのです。

第2章

天皇家の歴史と「祈り」

世俗とは隔てたところにある皇室

皇室と欧州の王室と比べたときの違いに「世俗性」があります。見本市に合わせて欧州の王族が経済ミッションを率いて来日し、先頭に立って自国産品をPRし、輸出振興を図るのは珍しくありません。

ビジネスを展開する王室も多く、不動産や王室グッズ、ロイヤルブランド商品で大きな利益を上げている王室もあります。

ただ皇室を世俗的なものから隔てている大きな要素は「祈り」にあるように思います。天皇は人々の安寧のために祈るのを、先祖から受け継いできた自分たちの使命と考えられています。かつて紀宮さま（現・黒田清子さま）は、「心にとめておられる美智子さまのお言葉は」との質問に「皇室は祈りでありたい」というお言葉を紹介されましたが、これからも「祈り」が皇室のレーゾン・デートル（存在理由）を形作っていると感じます。

明仁天皇の侍従長だった渡邉《わたなべ》允《まこと》氏は「陛下の平和についてのお考えは、政治の域を超えた哲学や宗教の次元にあるように思えることがあります」と述べています。そしてその祈りは、一般的な意味で平和や人々の安寧を祈ることだけではなく、具体的なできごとに対しても向けられます。

明仁天皇は皇太子時代の記者会見で、日本がどうしても記憶しなければならない日が四つあると述べています。沖縄で日本軍の組織的な抵抗が終わった6月23日、広島と長崎に原爆が投下された8月6日と8月9日、そして終戦の8月15日です。

これらの日は、両陛下はお子さまたちが小さいときからご一家で黙とうされてきましたが、明仁天皇と美智子皇后が国賓で訪米された1994年、サンフランシスコに滞在された日が6月23日にあたりました。沖縄の平和祈念公園では毎年、その日に沖縄全戦没者の追悼式が行われ、式典の最中の正午に黙とうがささげられます。その時刻はサンフランシスコ市長の晩餐会のはじまる時間と重なるため、天皇は「晩餐会がはじまる時間を少し遅らせてもらえないか」と渡邉氏に述べられました。

先方に打診すると、快く受け入れてくれました。「晩餐会に出かける前、両陛下はホテルの部屋で黙とうをなさっていました」と同氏は語っています。

初めて皇居・宮殿に足を踏み入れた外国の賓客が驚くのが、そのたたずまいです。外国の元首の館といえば華美な装飾と豪華な調度品がふつうですが、皇居・宮殿は広い空間の中に品のいい絵が一点掛けられているか、草花が活けてあるだけ。そこに日本文化の真髄と精神性を見る賓客は少なくありません。

「祈り」とこれに付随する「精神性」こそ、世俗的なものから一線を引く皇室の特徴と言っていいかも知れません。これは長い歴史の中で育まれてきたものです。皇室の歴史と伝統の長さ、精神性、文化的なたたずまいと、表向き似た存在はローマ法王を戴くバチカンぐらいでしょうか。ただその成り立ちからアニミズム（精霊信仰）やシャーマニズム（呪術信仰《じゅじゅつ》）や神話世界の影響が濃い皇室と、一神教のキリスト教を基礎とするバチカンは根本的に隔たっています。

古代史に記された天皇の歴史

日本の古代史は、2〜3世紀に存在した邪馬台国《やまたいこく》が、宗教的、呪術的能力をもった女王卑弥呼《ひみこ》によって治められていたことが、中国の『三国志』魏志倭人伝で分かっています。ただし邪馬台国の存在した場所については、北九州説と畿内（山城、大和、河内、和泉、摂津）説があり、確定していません。

そしてこの邪馬台国の系譜を引くのか、それとも別個な系統かは不明ですが、3世紀末には畿内を中心に大和国家が成立し、遅くとも4世紀中ごろまでには、畿内をはじめ、中部地方から西日本にかけて、濃淡はあれ影響下に置いたと思われます。大和国家による統一は、各地の豪族を征服し、帰順させることによって達成されました。

5世紀になると大和国家の政府である大和朝廷は、大王《おおきみ》とその一族を中心に、有力豪族の連合政権として編成されます。大王の地位は世襲されていき、これが天皇の系譜となります。

今日、歴史上実在することが確認できる最初の大王（天皇）は5世紀後半の雄略《ゆうりゃく》（神武《じんむ》天皇から数えて第21代）です。1978年、埼玉県行田市稲荷山古墳から出土した鉄剣に115文字の銘文が刻まれているのが発見されます。そこには「獲加《わか》多支鹵大王《たけるおおきみ》」とありました。ワカタケル大王は古事記と日本書紀が伝える雄略（天皇）で、中国に朝貢した倭国の五王の一人である武と考えられています。

倭国の五王は中国・南朝の宋の正史『宋書』で取り上げられています。５世紀初頭から世紀末の約１世紀の間、倭国から中国の帝国にそれぞれ讃・珍・済・興・武の倭王五人が遣使したと記されています。最後の武（雄略）以外の四人が歴代天皇の誰に該当するか定まっていません。

この天皇のルーツを神話世界に求めたのが７１２（和銅５）年に編纂された『古事記』でした。太安万侶《おおのやすまろ》が編纂して、元明《げんめい》天皇（第43代、在位７０７〜７１５年）に献上されました。第１代の神武天皇（治世は前６６０〜前５８５年）の出自を高《たか》天原《まがはら》の天照大神《あまてらすおおみかみ》に求め、代々の天皇は「現人神《あらひとがみ》」であると位置づけました。

古代史の研究者は「現人神」思想は、壬申の乱（６７２年）を勝ち抜いた天武《てんむ》天皇（第40代、在位６７３〜６８６年）のカリスマ性によって生まれたと指摘しています。壬申の乱は、天智《てんじ》天皇（第38代、在位６６８〜６７１年）の弟の大海人皇子《おおあまのおうじ》（のちの天武天皇）が、天智天皇の子である大友皇子《おおとものおうじ》を長とする近江朝廷に対して起こした古代最大の内乱です。

『古事記』が書かれた当時、中央集権国家が姿を見せ始めている時期で、天皇の神格化と支配の正統性の獲得などの意図をもって編まれたのは間違いないでしょう。『古事記』が扱った天皇の伝承は推古《すいこ》天皇（第33代、在位592〜628年）までですから、編纂された712年から見ても「古い話」の書でした。

一方、『古事記』の8年後の720（養老4）年に編纂された『日本書紀』は、神代から持統《じとう》天皇（第41代、在位690〜697年）までを扱った最初の正史というべきものでした。こちらも天皇の支配の正統性を強調する意図があったのでしょうが、当時の現代史までを描いていて、貴族にとっての手引書でもあったのではないかとの指摘もあります。

ここで古代中国の皇帝と、古代日本の天皇の「天」との関係性の違いについて触れておきます。中国の皇帝は、天の命を受けた王が統治権をもつという天命思想のもとで支配と統治を正統化していました。皇帝は天との関係において「天子」と称しましたが、天の神と皇帝との間には系譜上のつながりはありません。血縁によって継承される中国の王朝は、皇帝が徳を失うと天はこれを見放し、新しい有徳者を見つけて天命を与えます。こうして新しい皇帝が登場し、天子として支配・統治する新しい王朝がはじまります。これが易姓革命《えきせいかくめい》の思想です。

中国のような目まぐるしい王朝の変転がなかった古代日本ではこの天命思想が根付かず、シャーマニズムやアニミズムや神話世界にも支えられて「天つ神」の子孫として天皇の神聖化が進みました。「現人神」という言葉に示されるように、系譜上、天とつながっているとするところに日本の天皇の特質があります。

では「大王」に代わって「天皇」という尊称が使われるようになったのはいつごろでしょう。『古事記』と『日本書紀』では、神武以降の系譜を「天皇」をもってよんでいますが、これは天皇号の成立後に書かれたもので、いつから使われているかの証拠にはなりません。

さまざまな説のなかで、律令国家が成立した7世紀後半の天武天皇と、それにつづく持統天皇の時代という説が主流です。しかし最近では、より時代をさかのぼって天智朝、さらには推古朝という見方も提起されています。

ちなみに「倭」を改め国号を「日本」とした時期は、天皇号のあとというのが通説になっています。8世紀初頭、唐に渡った遣唐使は、唐に対して初めて「日本」と名乗りました。『唐書』には「日本国、使いを遣して貢献す。日本は倭国の別名なり」とあります。ただし君主号が「大王」や「国王」でなく「天皇」であることは唐には伝えなかったようです。

つまり7世紀後半には「日本」という国号が成立していただろうと推測できます。その由来ですが、天皇は天照大神の霊力を受け継いだ「日の御子」で、「日の御子」の治める国として「日本」という国号が定められたとの説があります。天皇号と国号の成立時期はずれているにせよ、密接に関係していると見るのが自然です。

祭政一致の国家体制

この時期のできごとでもう一つ重要なのは、祖先神や神々を敬い祭る祭祀《さいし》の体系化です。大和朝廷は天皇を中心とした中央集権国家を構築するため、中国の隋や唐を真似て律令制を導入します。法体系を基礎にして国家制度と政治体制を整えるもので、幾つかの試みの末、701年に大宝律令が完成しました。

この律令制では官僚組織として二官八省が導入され、頂点の最高官庁である二官に行政を掌握する太政官と、天神地祇《てんじんちぎ》（天の神と地の神）信仰の祭祀を司る専門機関の神祇官が置かれました。神祇官は中国にもない日本独自の機関でした。つまり日本は律令制度において神祇信仰を国家の二本柱の一つに据え、祭政一致を国家体制としたと言えるのです。祭祀の基本は神祇令《じんぎりょう》で定められ、天皇の代替わりの儀礼、天神地祇への祭祀、春夏秋冬における祭祀などを規定しました。

祭祀の主宰者は天皇で、ご先祖の高祖神（皇霊）に対する祭祀と、支配領域の神々（八百万《やおよろず》の神）に対する祭祀からなっていました。新天皇即位後に行われる「大嘗祭」、豊穣を祈願する2月の「祈年祭」、10月の「神嘗祭」、11月の「新嘗祭」など、この時代の朝廷祭祀には今日の宮廷祭祀に引き継がれているものがあります。

天皇が祭祀の主宰者とはどういうことかというと、古来、日本における神々は温和な優しい性格とは反対に、怒り、荒ぶる存在であり、祟《たた》りをなす存在でもありました。その神々の怒りを鎮め、統御し、守護する側に導く力を備えているのが天皇とみられていました。さまざまな災厄から民を救い、安寧な暮らしに導く役割を、祈りを通して果たしていくのが天皇だったのです。

また神祇官の頂点には伊勢神宮（正式には「神宮」）が置かれ、ここには天皇家の高祖神である天照大神が祀られましたが、神祇制度の整備と諸豪族の朝廷に対する従属度が増すにつれ、皇室の神々と豪族の氏神との系譜づけが行われ、伊勢神宮を頂点とする神社体系として組織化されていきます。さらに朝廷と関係が深い神社や畿内の有力な神社以外に、地方の有力な神社も国家の祭祀制度に組み込まれていきました。

アニミズムやシャーマニズム、神話世界を文化土壌にもつ日本では、草にも木にも石にも霊力と神々が宿ると考え、これが神道という民俗信仰となっていきます。神道の精神に支えられた神祇祭祀に仏教の影響が加わるのは6世紀ごろです。

仏教が公に伝わったのは6世紀前半といわれ、聖武《しょうむ》天皇（第45代、在位724～749年）や孝謙《こうけん》天皇（第46代、在位749～758年）などの保護を受け、国を護り鎮めるという鎮護国家のための国家仏教となっていきます。

神道の神祇祭祀と外来宗教である仏教を天皇はどう調整したのでしょう。理屈の上では、神々が仏教に帰依する、神々が仏教を護持するという論法で神仏習合（混交）が進められていきます。また天皇は神道の神祇祭祀を行い、仏に仕えるのは尼僧や出家した天皇や太上天皇（上皇）でしたから、このあたりの棲み分けはなされていました。

しかし孝謙上皇のときに問題が起こります。尼のまま称徳《しょうとく》天皇に重祚《ちょうそ》（退位した天皇が再び天皇になること）したため、神祇祭祀と仏教奉仕をどう両立させるのか、となったからです。このとき称徳天皇は「仏教経典には仏法を守り尊ぶものは神々だ、と書かれてある。だから尼僧が神祇に奉仕しても問題ない」と言ったといわれます。

こうして朝廷祭祀は神道を基盤としつつも、仏教の影響も取り入れながら進展していきます。しかし平安末期に朝廷の勢いが衰えるにしたがい、朝廷での祭祀は徐々に難しくなっていきます。とくに応仁の乱（１４６７〜１４７７年）の前後から祭祀のほとんどが財政的に継続できなくなり、江戸幕府まで中断します。新天皇の即位の年に行われる一世一度の最も重要な「大嘗祭」も再開されたのは１６８７

（貞享4）年、東山《ひがしやま》天皇（第113代、在位1687〜1709年）の即位のときでした。220年の中断の間、9代の天皇が「大嘗祭」とは無縁でした。

また朝廷祭祀の一部は、神祇官を務めた吉田家や白川家が代々、しきたりや振る舞いや手順の記録を守ってきました。これが中断を経て再開するときに大いに役立ったのです。

朝廷祭祀への関心を再び呼び起こしたのは幕末の尊王攘夷の運動でした。古代の祭政一致への憧憬もあって、国学者ら尊王派は神祇官の復興を求め、同時に祭祀を本来の神道にのっとったものにすべく仏教的要素の排除を叫びます。

明治維新になって神仏分離は徹底されました。僧になっていた皇族に還俗が求められ、宮中での仏式での法会《ほうえ》も廃止されます。宮中祭祀は再開され、また新しく考案されていきました。神祇官も再興します。

しかし明治政府は徐々に軌道修正を図っていきます。理念としての王制復古、祭政一致は別にして、現実政治において国学者たちの介入はさまざまな弊害を伴うようになったからです。皇室と仏教の融和が図られ、皇族の身分のまま僧となることも許されるようになります。仏式の祭祀も復活しています。また東京遷都によって皇居内に祭祀をとり行う宮中三殿が作られました。

以来、宮中祭祀はその骨格を変えることなく今日に至っています。第二次大戦終結後、対日占領政策を遂行した連合国軍最高司令官総司令部（ＧＨＱ）は神道指令（１９４５年12月）で、国家神道の廃止、神祇院の解体、政教分離などを命じます。しかし宮中祭祀については口出しをしませんでした。天皇の私的な信仰のようなものとして認めたからです。

権威と権力の分離

なぜ天皇家は系譜を途絶えさせることなくつづいてきたのでしょう。これは日本人のみならず、外国人からも繰り返し発せられる問いです。

天皇家の歴史を大きく区分するなら、次のようになるでしょう。

1　国家体制の整備が進み、「天皇」号が用いられるようになった時代
2　藤原氏が天皇の外戚として摂政や関白などの要職を占め、政治の実権を握っていた平安時代
3　武士政権（鎌倉・室町・江戸幕府）が登場し、天皇家が政治的実権をほぼ失っていた時代
4　明治維新による近代国家の成立で、王政復古がなされた時代
5　敗戦で民主主義社会となり、天皇が象徴となった時代

天皇家がつづいてきた理由として、よく挙げられるのは権威と権力の分離です。権威を代表した天皇家に対して、武士は天皇家の権威を後ろ盾として権力を振るったとの説明です。武士が力で天皇家を倒さなかったのは、天皇家と相互依存関係にあったからともいわれます。

その有力な証左の一つが「征夷大将軍《せいいたいしょうぐん》」の任命です。鎌倉幕府から江戸幕府まで、武家政権の首長の地位を意味する「征夷大将軍」は天皇から将軍に与えられるもの

でした。

また明治維新から敗戦までの、軍服に身を包んだ権威主義的な天皇像は例外的なもので、長い歴史を通じて天皇は父性的・威圧的な性格ではなく、ソフトな母性的性格であったことに連綿と家系がつづいてきた理由をみる専門家もいます。

明治維新前の天皇と、明治維新後の天皇を同一延長線上で見るべきでないという意見もあります。

天皇を中心に貴族グループが形成していた朝廷は、前半の約700年（前ページの時代区分1、2に該当）は単独で政治支配を行い、後半の約700年（前ページ3に該当）は幕府と折り合いをつけながらやってきました。ここでの天皇は貴族に幾重にも取り囲まれ、外からは姿が見えない存在でした。

しかし明治維新によって朝廷が解体されると、天皇は一個の存在となります。しかも何百年も住み慣れた京都を離れ、東京に移ります。朝廷の中にとけ込んだ天皇と、近代国家システムに組み込まれた天皇を、同じ位相でとらえるのは間違いとの指摘です。

なぜ天皇家はつづいてきたのかという問いは、おのずから天皇とは、天皇家とは何か、という問いに踏み込んでいかざるを得ません。

先に触れたように7世紀から8世紀にかけて、日本は律令体制によって二官八省の官僚組織を整えます。行政実務部門である太政官と、祭祀部門を司る神祇官を並置し、祭政一致体制を築きました。神祇官は中国にもない機関だと述べましたが、日本は祭祀部門を体制に取り込むことで、縄文・弥生時代以来のアニミズムやシャーマニズムや神話世界の文化を温存し、その象徴的存在だった天皇を政治体制に組み込んで天皇制国家を構築しました。

実務行政とアニミズム・シャーマニズム・神話世界の文化が合体した祭政一致の独特の政治構造は、武家政権下でも維持され、明治の近代国家になっても継承され、今日に至っています。天皇、そして皇室は、先進国でも珍しいアニミズム・シャーマニズム・神話世界の伝統文化の保護者であり、継承者でもあると言っても過言ではないのです。

過去の天皇のありようを教訓として

天皇や皇族方がご自分たちの祖先に強い関心を抱かれるのは当然です。これまでも記者会見などで具体的な天皇の名を挙げられて感想を述べられることがありました。

明仁天皇は2001年12月、お誕生日に際して記者会見で、桓武《かんむ》天皇（第50代、在位781～806年）についてこう語られました。

「私自身としては、桓武天皇の生母が百済の武寧王《ぶねいおう》の子孫であると、続日本紀に記されていることに、韓国とのゆかりを感じています。武寧王は日本との関係が深く、このとき以来、日本に五経博士《ごきょうはかせ》が代々招へいされるようになりました。また、武寧王の子、聖明王《せいめいおう》は、日本に仏教を伝えたことで知られております」

これは翌年にサッカーのワールドカップが日韓共催で開かれることになっており、記者団が「歴史的、地理的にも近い国である韓国に対し、陛下が持っておられる関心、思いなどをお聞かせください」とお尋ねしたときのお言葉です。

五経博士は6世紀に朝鮮・百済《くだら》から大和朝廷に派遣された儒学者です。桓武天皇の生母である高野新笠《たかののにいがさ》は百済の渡来人で、父方の和氏は百済の武寧王につながる家系と『続日本紀《しょくにほんぎ》』にあります。明仁天皇は前段でこうも述べられました。

「日本と韓国との人々の間には、古くから深い交流があったことは、日本書紀などに詳しく記されています。…宮内庁楽部の楽師の中には、当時の移住者の子孫で、代々楽師を務め、今も折々に雅楽を演奏している人があります。こうした文化や技術が、日本の人々の熱意と韓国の人々の友好的態度によって日本にもたらされたことは、幸いなことだったと思います。日本のその後の発展に、大きく寄与したことと思っています」

今上天皇も皇太子だった2017年2月、お誕生日を前にした記者会見で、後奈良《ごなら》天皇（第105代、在位1526～1557年）について語られています。

象徴天皇はどうあるべきとお考えでしょうとの質問に、父の明仁天皇が述べられた「天皇の務めとして、何よりもまず国民の安寧と幸せを祈ることを大切に考えて来ましたが、同時に事にあたっては、時として人々の傍らに立ち、その声に耳を傾け、思いに寄り添うことも大切なことと考えて来ました」との言葉を引用して、こうつづけられました。

「このような考えは、都を離れることがかなわなかった過去の天皇も同様に強くお持ちでいらっしゃったようです。昨年の8月、愛知県西尾市の岩瀬文庫を訪れた折に、…後奈良天皇が、苦しむ人々のために、諸国の神社や寺に奉納するために自ら写経された宸翰般若心経《しんかんはんにゃしんぎょう》のうちの一巻を拝見する機会に恵まれました。紺色の紙に金泥で書かれた後奈良天皇の般若心経は岩瀬文庫以外にも幾つか残っていますが、そのうちの一つの奥書には『私は民の父母として、徳を行き渡らせることができず、心を痛めている』旨の天皇の思いが記されておりました」

「宸翰」は天皇の直筆のことです。後奈良天皇の時代は戦国時代のピークで、戦乱に洪水、飢饉、疫病が絶えず、餓死者、病死者であふれました。室町幕府は無力で、朝廷の財政は苦しく、天皇は践祚《せんそ》（皇位継承）したものの即位の礼が10年先送りされています。

宮殿の壁も崩れ、警護もままならないとき、後奈良天皇は民の無事を願って祈祷《きとう》と写経に打ち込みます。神仏習合でしたから全国の神社や寺に写経が奉納されました。

さらに徳仁皇太子は災害や疫病の流行に対して般若心経を写経して奉納された天皇の例として、平安時代の嵯峨《さが》天皇（第52代、在位８０９〜８２３年）、鎌倉時代の後嵯峨《ごさが》天皇（第88代、在位１２４２〜１２４６年）、伏見《ふしみ》天皇（第92代、在位１２８７〜１２９８年）、南北朝時代の後光厳《ごこうげん》天皇（北朝第４代、１３５２〜１３７１年）、室町時代の後花園《ごはなぞの》天皇（第１０２代、在位１４２８〜１４６４年）、後土御《ごつちのみ》門《かど》天皇（第１０３代、在位１４６４〜１５００年）、後柏原《ごかしわばら》天皇（第１０４代、在位１５００〜１５２６年）の名前をスラスラと挙げられました。

徳仁皇太子は中世史がご専門ですが、皇太子の言葉には自分たちの祖先の行い、さらには歴史に対する強い関心が窺えました。おそらく天皇家の人々は、こうした遠い過去の天皇のありようも勉強しつつ、「自分たちはどうあらねばならないのか」と自問自答されているのではないでしょうか。

なお上皇ご夫妻は、天皇、皇后だった２０１２年に京都市の曼殊院でやはり後奈良天皇の宸翰の般若心経をご覧になっています。上皇さまは、複数の展示品が並ぶ中、般若心経の前で「これは？」とおたずねになりました。案内の人が後奈良天皇の真筆と伝えると、誰に向けるともなく「大変だったんだよね」とつぶやかれ、定刻を越えるまでしばらく見つめられていたといわれます。

第3章

歌会始と和歌・短歌

皇室文化の数々

皇室にはさまざまな行事、文化、文物、風習が伝わり、継承されています。古代からのものもあれば明治になって始まったものもあります。宮内庁は「皇室に伝わる文化」として次のものを挙げています。

「講書始の儀《こうしょはじめのぎ》」「雅楽」「蹴鞠《けまり》」「打毬《だきゅう》」「母衣引《ほろひき》」「鴨場」「御料鵜飼」「書陵部所蔵資料」「三の丸尚蔵館収蔵作品」「正倉院宝物」

この幾つかを紹介しましょう。

「**講書始の儀**」は毎年1月、天皇が皇后と、人文科学・社会科学・自然科学の分野の専門家からお話を聴かれる儀式です。1869（明治2）年、明治天皇が学問奨励のために定められた「御講釈始」が始まりとされています。当時は国書、漢書のご進講でしたが、1953年から現在の3分野になりました。

宮中の儀式や饗宴、春・秋の園遊会などでは「**雅楽**」が演じられます。元は古代日本の神楽《かぐら》歌・大和歌・久米《くめ》歌などに舞をつけたものに、5世紀ごろ大陸から伝わった古代アジアの音楽、舞が融合したといわれます。平安時代に芸術として完成し、皇室の保護で伝承されてきました。

使われる楽器は、日本古来の神楽笛・和琴、外来の笙《しょう》・篳篥《ひちりき》・笛などの管楽器、箏《そう》・琵琶《びわ》などの絃楽器、羯鼓《かっこ》・太鼓《たいこ》・鉦鼓《しょうこ》・三の鼓《つづみ》などの打楽器です。宮内庁楽部の楽師《がくし》が演奏する「**雅楽**」は国の重要無形文化財で、海外公演も行っています。

「**打毬**」は中央アジアに発した馬術競技で、西に伝わったものが欧州でポロとなり、東に伝わったものが中国で打毬となり、8～9世紀ごろに日本に伝わったといわれます。鎌倉時代以降は衰えましたが、江戸時代に八代将軍徳川吉宗が騎戦の練習として推奨しました。宮内庁主馬班《しゅめ》には、江戸時代中期ごろに最盛期だった様式の打毬が保存されています。

野生の鴨を無傷で捕獲する独特の技法は江戸時代に将軍家や大名家に伝わっていましたが、明治以降に皇室が継承しました。この鴨猟を行う場所が「**鴨場**」で、埼玉鴨場（埼玉県越谷市）と新浜鴨場（千葉県市川市）の2カ所です。元溜《もとだまり》と呼ばれる池に集まる野生の鴨を、訓練されたアヒルを使い誘導、叉手網《さであみ》と呼ばれる網で鴨が飛びたつところを捕獲します。各国の駐日大使夫妻などの接遇に使われ、捕獲した鴨は放鳥されます。

「御料鵜飼」として皇室が保護しているのが、鵜飼による古代漁法です。8世紀の律令時代には鵜を操って川魚を獲っていた記述があり、宮廷直属の鵜飼人（鵜匠）も官吏として漁を行っていました。江戸時代は将軍家と諸大名の保護を受けましたが、明治維新で保護がなくなりました。古代漁法を残すべく岐阜県の要請で、宮内省（現・宮内庁）は１８９０（明治23）年、長良川流域３カ所を御料場と定め、鵜匠に職員の身分を与えました。

世界の喜劇王チャールズ・チャップリンは、戦前と戦後の2回、観覧し、「ワンダフル！」を連発。鵜匠を「アーティスト」と呼んだといわれます。現在は毎年、各国の駐日大使夫妻を招いて、漁を披露しています。

「書陵部所蔵資料」は代々皇室に伝わってきたものを中核とする古文書類、明治以降の宮内省・宮内府・宮内庁の文書類、宮内庁が管理する陵墓などで出土した考古品などで、68万点を超えます。**「三の丸尚蔵館収蔵作品」**は皇室に代々受け継がれた絵画・書・工芸品などの美術品のほか、故秩父宮妃、香淳皇后、故高松宮妃などのご寄贈、ご遺贈品など約９８００点の美術品類です。

「**正倉院宝物**」は奈良市の正倉院宝庫に収められた宝物です。奈良時代の７５６（天平勝宝８）年、聖武天皇の七七忌《しちしちにちき》（四十九日）に際し、妻の光明皇后が天皇の遺品６００余点、薬物60種を東大寺本尊の盧舎那仏《るしゃなぶつ》に奉献し、その品々が東大寺の正倉（現在の正倉院宝庫）に収められたのが始まりです。その後、大仏開眼会《かいげんえ》など東大寺の重要な法会に用いられた仏具などの品々、東大寺の羂索院《けんさくいん》の倉庫から移された什器類などが加わりました。その宝物は整理済みのものだけでも約９０００点と膨大です。

この正倉院宝庫は朝廷の監督の下、東大寺によって管理されてきましたが、明治維新で内務省、さらに宮内省が管轄、戦後は宮内庁の所管となりました。正倉院宝物は出土品ではないため保存状態が良く、その品々はインド、イラン、ギリシャ、ローマ、エジプトなど西方世界の要素を帯び、８世紀の世界文化の遺産でもあります。

新年恒例行事、歌会始の儀

皇室の行事や文化のなかに、宮中の新年恒例行事となっている「歌会始《うたかいはじめ》の儀」があります。かつては天皇と貴族がもっぱらにしていた和歌を詠む新年の歌会が、いまは皇室と人々の短歌を通した貴重な交流の機会となっています。

2021年は新型コロナウイルス感染拡大で、一時は開催が危ぶまれました。歌会始が中止となったのは、明治以降の150年余の歴史のなかで、天皇のご逝去などのときの7回しかありません。今上天皇はオンラインを活用しても開催したい意向といわれ、最終的に約2カ月遅れの3月26日に催されました。

入選者一〇人のうち一人を除いて全員が皇居を訪れ、唯一、オンライン参加となった福井県の入選者は、会場の皇居・宮殿「松の間」の着席予定だった位置にモニターを置いて、顔が映し出されました。

また感染対策として出席者数を大幅に減らし、全員がマスクやフェースガードを着用。歌を詠み上げる諸役の前にはアクリル板が設置されました。近年は、日本の

歌会始の儀の様子

伝統文化を身近に体験したいという駐日大使が陪席してきましたが、今回はお断りしました。

お題は「実」で、一万三六五七首の応募がありました。歌会始での披講《ひこう》（歌を詠み上げること）の順序は、まず一般から詠進《えいしん》（応募）して入選した一〇人の歌、つづいて選者と召人《めしうど》の歌、皇族方の歌と進み、最後に皇后の御歌《みうた》と天皇の御製《ぎょせい》となります。

一般の入選者で最年少は新潟県の高校2年生。天皇が毎年特別に招いて歌を披露する召人は、この年は小説家で文化功労者の加賀乙彦《かがおとひこ》さんが務めました。

天皇、皇后両陛下と皇族方がお揃いになると、講師《こうじ》（全句を節をつけずに読む役）が口上を述べます。

「としのはじめにーーーイ、おなじくーーーウ、じつ（実＝お題）ーーーウ（以下、ふつうの語調で）ということを勅《おおせごと》によりて詠めるうた」

そして一般の入選者を「××県、○○（姓）の△△（名）」と紹介し、五七五七七の節目ごとに語尾を引き延ばして詠み上げました。

つづいて朗吟役五人が節をつけ、あらためて唱和します。朗吟役は初句（第1句）から節をつけて歌う「発声」と、第2句以下を「発声」に合わせて歌う「講《こう》頌《しょう》」の諸役に分かれます。

朗々とした響きが広い空間にこだまし、そこに会した人たちは三十一文字《みそひともじ》に込められた言葉の意味をかみしめながら、歌の余韻を味わいました。両陛下も静かに聴き入っておられました。一首平均約3分。ゆったりした時間の流れは、日本が築いてきた伝統文化の粋を垣間見せるとともに、グローバリズムと情報通信革命のあわただしい時代へのいましめのように思えました。

オンラインで参加した小浜市の入選者は、自分の歌が詠み上げられると、画面の中で深々と頭を下げました。

皇后の御歌は、

感染の収まりゆくをひた願ひ出で立つ園に梅の実あをし

「ひた願い」は、ひたすらに願うことで、新型コロナウイルスの感染が収まることへの祈りが込められています。そして日常が大きく変わったなかでも例年と同じように変わらぬ自然を見る喜びと、その営みの大きさを詠まれました。

天皇の御製は、

人々の願ひと努力が実を結び平らけき世の到るを祈る

天皇は新型コロナウイルス感染問題で、さまざまな分野の専門家や、現場で対応されている方々からお話を聞かれました。人々の願いと努力が実を結び、感染症が収束していくことを願われるお気持ちを詠まれました。

歌会始の起源は明らかではありません。平安時代半ば、村上天皇《むらかみ》(第62代、在位946～967年)の御代である951(天暦5)年に宮中に和歌所が置かれ、『古今和歌集』(905年成立)に次ぐ『後撰和歌集』が編纂されたころ(957年から959年)にはすでに行われていたとする説もあります。ただ、宮中では折々に貴族らにより歌会が開かれており、これらが歌会始の原型であったという明確な根拠はありません。

鎌倉時代中期、亀山天皇《かめやま》(第90代、在位1259～1274年)の治世だった1267(文永4)年1月15日、宮中で「歌御会《うたごかい》」(天皇が催す歌会の呼称)が開かれました。当時の資料はこれを「内裏《だいり》御会始」と明記しており、以後、年の始めの催しとして位置付けられたことから、これが歌会始のルーツとみられています。

以後、室町時代、そして江戸時代へと引き継がれ、江戸時代の末期にしばらく途切れましたが、1869（明治2）年に明治天皇によって復興されました。1874年には一般人が和歌を届け出る詠進が認められ、1879年から一般の詠進歌のなかの優れた歌を、独特の節をつけて詠み上げる披講が行われるようになりました。歌を通じて国民と皇室が交流する今日のスタイルが確立したのです。

1882年には御製（天皇のお歌）をはじめ入選歌が新聞に発表されるようになり、1926（大正15）年にはそれまでの呼称「歌御会始」を「歌会始の儀」とし、式次第が定められました。

国民参加の流れは第二次世界大戦後に加速します。選歌は役人から民間歌人に移り、お題も、かつての「迎年祈世」（年を迎えて世を祈る）といった王朝風から、簡明な単語になりました。テレビ中継も行われ、歌会始の後には、両陛下と入選者や選者との懇談の機会が設けられるようになりました。

一般からの詠進歌も2021年は新型コロナ感染もあって一万首台でしたが、ここ20年はほぼ二万首台で推移しています。

日本の伝統文化の基底をなしている和歌

明治半ば以降、短歌と呼ばれるようになった和歌は、日本のあらゆる伝統文化の基底をなすものといわれています。古くは奈良時代末期（8世紀後半）に成立した『万葉集』があります。

この『万葉集』は、天皇や豪族の歌から、東歌《あずまうた》（東国方言で詠まれた民謡風の和歌）、防人《さきもり》（辺境防備の兵士）の歌まで収められた20巻の和歌集として現代人にも親しまれています。しかし『万葉集』は和歌文学全体の歴史ではむしろ特異な存在です。和歌のメインストリームは、905（延喜5）年に成立した『古今和歌集』20巻を発端とする平安朝の貴族文化にあったといえます。

ただ平安朝の初期（9世紀初め）はむしろ漢詩文が隆盛していました。漢字で日記を書き公的な記録を残すことは役人でもある貴族たちの必須の教養で、漢詩を詠むのも当然なことでした。こうして平安朝初期に『凌雲集《りょううんしゅう》』『文華秀麗集《ぶんかしゅうれいしゅう》』といった優れた漢詩集が編まれました。

しかし遣唐使が廃止（894年）されるころには国風文化が成熟していきます。京都の四季の美しさをいつくしみ、男女が恋心を伝えあい、人と人のコミュニケーションを支えるために和歌は必要とされ、小野小町《おののこまち》や在原業平《ありわらのなりひら》といった優れた歌人が登場しました。優美な貴族文化が洗練される中で、和歌の才も競われることになったのです。

和歌を詠むのに用いられた表記は「仮名《かな》」でした。仮名は「女手《おんなで》」とも呼ばれたとおり、女性たちがもっぱら使うものでしたが、仮名の発明は結果として男女にかかわらず和歌文化を成長させたのでした。

その大きな出発点となったのは、醍醐《だいご》天皇（第60代、在位897～930年）の勅撰による先に触れた『古今和歌集』の編纂でした。勅撰とは天皇や上皇の命にしたがい、その時代のトップ歌人たちが優れた和歌を集め編纂することです。当時の優れた歌人である紀貫之《きのつらゆき》ら四人が編纂した『古今和歌集』の仮名序において、紀貫之は和歌の意義を記し、平安貴族文化の求める美の規範を明らかにしました。

その後も勅撰和歌集編纂の営為は続き、平安朝末期から鎌倉初期にかけて『新古今和歌集』が誕生します。後鳥羽《ごとば》上皇（第82代、在位1183〜1198年）に信頼された天才的な歌人の藤原定家《ふじわらのていか》、藤原家隆《ふじわらいえたか》、寂蓮《じゃくれん》ら六人が編纂の任に当たり、ここには西行法師《さいぎょうほうし》、式子《しきし》内親王など現代にも愛誦される歌人の和歌が収録されています。

『古今和歌集』から『新古今和歌集』までの8つの勅撰和歌集は「八代集《はちだいしゅう》」と呼ばれ、和歌文化の道筋を確かなものにするとともに、日本人の自然観、日本語に宿る韻律（五七五七七のリズム）の美を決定づけたのでした。

勅撰和歌集の編纂という一大事業は、時の天皇の強い意志と貴族文化の誇りをかけた大仕事でした。それは貴族が没落したのち武士の時代になろうと、権力の所在がどこにあろうと、和歌文化の粋は天皇を頂点とする貴族が担い、手放すことはないという強烈な自負の表れでもありました。

実際のところ1439年の『新続《しんしょく》古今和歌集』までの約500年間に、天皇や上皇の命により編纂された勅撰和歌集は実に21を数えます。いわば和歌は天皇という文化の唱道者を得て育ち、発達してきたといっても過言ではないのです。

和歌を基盤とした和歌文学は、また平安の王朝文化の下で『源氏物語』を代表とする数々の優れた物語を生み出しました。『源氏物語』に描かれる人々は、主人公の光源氏のみならず、貴族の息女である多くの女君《おんなぎみ》も心の吐露として歌を詠み、また歌を文《ふみ》につけて人と詠み交わします。和歌を詠むことは貴族たちの知的レベルのバロメーターであり、教養の証でもあったことが分かります。

物語の中では、手紙を送る相手に合わせて紙や墨を選ぶ様子も描かれています。細部にわたって示される心配りや繊細な感性。和歌が日本のあらゆる伝統文化の基底をなしていることの一端がここにも表れています。

歌を通して見る皇室と国民のつながり

今日、日本ほど一般の人が詩を作る国民は世界でもまれです。新聞に短歌・俳句欄があり、さまざまな結社に人々が集い、歌会や句会が催されています。文化講座にも短歌や俳句の教室が一つはあります。季節を詠み、暮らしを詠み、社会を詠み、新型コロナが流行ればコロナ禍のもとで苦しむ日常を詠む。この基層には、長い歴史の中で育まれた「歌を詠む」という営為が日本人の遺伝子となっていることがあるでしょう。

もちろん今日の短歌は、雅《みやび》を詠んだかつての貴族たちの和歌とは大きく異なります。それは明治維新を経て新たな価値観が日本に怒涛のごとく流入したことと無縁ではありません。「個」の自覚をもとに、心情や自然を詠もうという和歌の革新運動が起き、その意識や変化への意志が和歌を短歌に変えました。ここから正岡子規、与謝野鉄幹、与謝野晶子、北原白秋、石川啄木、斎藤茂吉などが才能を発揮していきました。

ただその後の日中戦争から第二次世界大戦中においては、短歌は苦難の道を歩みます。翼賛的な立場で天皇や国家を称揚することを求められ、戦地へ赴く若者の背を押す役割を担わされました。あるいは率先してその役割を引き受けた歌人もいました。深いところで心情に訴える短歌は、そうした時代の要請にピタリとはまったのです。それゆえ、戦後はその反省と慚愧《ざんき》の念を負っての苦い出発をせねばなりませんでした。短歌再生の道のりは決して楽なものではありませんでしたが、それでも次々と優れた歌人が輩出し、現代に至ります。

短歌と天皇との関わりで言うなら、平成になって以降、徐々に歌人たちの意識も変わったように思われます。以前は、歌会始の選者になることに対し相反する感情が交錯していました。名誉なことであり、伝統を守る上で大事なことだと考える人たち。一方で、戦前・戦中の教訓から、権力や権威に短歌が近づくのはおかしいと思う人々。とくに反権力、左派の人たちに後者のような受け止めが目立ちました。しかし、いまはそうした溝は小さくなっています。戦後75年以上がたち、短歌が不幸な使命を担わされた時代のアレルギーが薄まったこともあるでしょう。また今日、天皇、皇后両陛下を頂点に、皇族方にとって短歌は儀式で読むだけではない、自分たちの気持ちや考えを伝えるツールにもなっていることは見逃せません。両陛下は平和の尊さや人々への思いを歌い、特に美智子さまの短歌には現代の歌人の多くが感銘を受け、共感を抱いてきました。

1300年以上も脈々と詠み継がれてきた和歌・短歌は、幾度かの変転をへてグローバルな未来へ向けた日本の誇るべき文化となっています。人々とともに皇室もそれに積極的に参画していると言えるのです。

トランプ大統領が取り上げた万葉集

宮内庁のホームページは両陛下や皇族方の歌を英訳して紹介しており、外国人にも読まれています。また来日した外国の賓客のなかには、和歌や短歌についてスピーチで取り上げることがあります。

今上天皇が即位後に初めて国賓で迎えた米国のトランプ大統領もその一人でした。2019年5月27日、宮中晩餐会で答礼スピーチに立ったトランプ大統領は、「日本の新しい元号は令和で、美しい調和を意味します。この言葉は、万葉集と呼ばれる日本古来の和歌集に由来していると伺っています」と述べ、こうつづけました。

「万葉集の巻5では、二人の歌人の文章と歌が私たちに重要な洞察を与えてくれます。その一人は大伴旅人《おおとものたびと》で、春がもたらす潜在的な力を述べています。もう一人の歌人は旅人の友人である山上憶良《やまのうえのおくら》で、家族や将来の世代に対する私たちの大切な責任を想起させます。いずれも古来の叡知から受け継がれてきた美しい教えです」

このスピーチライターはよく調べています。おそらく日本の専門家からも助言を得たのでしょう。「令和」は『万葉集』の巻5の「梅花歌三十二首并序」からとられましたが、この「梅花歌三十二首并序」には大宰府長官だった大伴旅人が友人たちと梅花の宴を開いた折に詠んだ歌三二首と、宴が始まるにあたって旅人が述べた序文が収められています。

旅人はこの序文で、新春の自然にみなぎる力と、そのなかで酒をくみかわし、和歌を詠む充実感を語っています。人生の素晴らしさを感じさせてくれる春。大統領はこれを「春がもたらす潜在的な力」と表現したのでしょう。

一方、やはり『万葉集』の巻5には憶良の有名な長歌「貧窮問答歌《ひんきゅうもんどうか》」があります。生活苦に耐えながら家族を守り、家長として責任を果たそうと努め、幼い子供たちへの愛が切々と伝わる物語風の長い詩（長歌）です。ここに大統領は「家族や将来の世代に対する責任」を見ます。

この『万葉集』を日米同盟と重ね、大統領はこうつづけました。

「いま私たちは目の前に広がる無限の可能性を嬉しく思います。技術、宇宙、インフラ、防衛、貿易、外交、その他数多くの分野における、新たな地平での協力です。万葉集の古い和歌を日本の子供たちが守ってきたように、私たちの豊かな財産である同盟も子供たちに受け渡していかなければならないと心に期しています」

最後に大統領は、両陛下と皇室、日本国民の平和と繁栄を祈ってスピーチを締めくくりました。

元号「令和」が決まったばかりで、それがとられた『万葉集』を引くことで、日本の詩歌文化の素晴らしさを称え、日米同盟につないでいく。スピーチライターの腕の見せどころだったでしょう。

歌に込められた天皇家の方々の想い

現在の上皇、上皇后は天皇、皇后だった2017年2月、ベトナムを国賓で訪問されました。第二次大戦が終わった後、日本兵の中にはベトナムに残り、ベトナム人とともにフランスからの独立戦争に参加した人もいました。しかし独立後、ベトナムは南北に分かれ、社会主義政権の「北」に住む日本人に対して強制退去命令が出ました。このためベトナム人の妻子を残して帰国せざるを得なかった人も少なくありません。両陛下はベトナム人家族と面会され、これまでの苦労をねぎらわれました。

この訪問のあと、両陛下は歌を詠まれました。

天皇の御製です。

戦《いくさ》の日々人らはいかに過ごせしか思ひつつ訪《と》ふベトナムの国

対仏独立戦争、ベトナム戦争、カンボジア侵攻、中越戦争と、幾多の戦争と紛争をくぐりぬけてきたこの国の人々の苦難に思いを馳せた歌です。

皇后はこう詠まれました。

「父の国」と日本《にっぽん》を語る人ら住む遠きベトナムを訪《おとな》ひ来たり

歌の詞書《ことばがき》に、「第二次大戦後、ベトナムに残留、彼地に家族を得、後、単身で帰国を余儀なくされし日本兵あり」とあります。ベトナム訪問時の残留日本兵の家族との面会が皇后の心に深く刻印されたことが窺えます。同じアジアながら「遠きベトナム」という言葉に、歳月を経てやっと訪れることができた国、との思いが込められています。

両陛下のベトナム訪問から1年3カ月後の2018年5月、ベトナムのチャン・ダイ・クアン国家主席夫妻が国賓として来日しました。その歓迎宮中晩餐会で、答礼スピーチに立ったクアン国家主席は、ベトナム訪問後に両陛下が作られた歌に触れ、「二つの御歌はベトナムの何百万人もの心を揺り動かしました」と述べました。

クアン国家主席は両陛下がベトナムを訪問したときにも、ハノイで開いた歓迎晩餐会の歓迎スピーチで、明治天皇の御製「もろともにたすけ交はしてむつびあふ友ぞ世に立つ力なるべき」を引用して、両国関係に重ねています。日越両国は重要なパートナーで、両民族の友情、共通利益が両国関係の強固な基盤となっているとの指摘でした。

クアン国家主席が2度にわたって両陛下と明治天皇の短歌を引用したのは、短歌が皇室と国民をつなぐ文化であることをよく知っていたからでしょう。

やはり上皇と上皇后は天皇、皇后だった2007年5月、バルト3国（リトアニア、ラトビア、エストニア）を訪問されました。

当時、駐スウェーデン大使（駐ラトビア大使も兼轄）だった大塚清一郎氏は、大の日本通で友人でもあったラトビアのアルティス・パブリクス外相から両陛下の訪問を記念し、首都リガの公園に日本の桜を植樹したいという提案を受けました。大使に異論があるはずはありません。

パブリクス外相は「桜にちなんだ和歌を銘板に刻みたい」と、自ら『古今和歌集』にある紀友則《きのとものり》の歌を選びました。「ひさかたの光のどけき春の日にしづ心なく花の散るらむ」です。

植樹の翌日に行われた両陛下を歓迎する盛大な午餐会で、大塚氏はパブリクス外相に、皇后がバルト3国独立の際に詠まれた短歌があることを伝えました。

秋空を鳥渡るなりリトアニア、ラトビア、エストニア今日独立す

「今日」とは、当時のソ連がバルト3国の独立を承認した「1991年9月6日」です。「秋空」はこの9月の空のことで、自由を得た人々の伸びやかな心を「鳥渡るなり」に託しています。大塚氏の英訳にじっと耳を傾けていたパブリクス外相は、感激の面持ちでこう言いました。「素晴らしい話です。広くラトビア国民に知ってもらいたいので、早速ラトビア語訳を作成することにしましょう」

午餐会は和やかな雰囲気のうちに終了しました。翌朝、リトアニアに向かう両陛下をリガ空港に見送った同外相は大塚氏に握手を求めて「素晴らしいご訪問でした。このような歴史的ご訪問の仕事を一緒にできたことは実に嬉しかった」と語ったといいます。

今上天皇、皇后も皇太子、皇太子妃時代に外国を訪問した折の歌があります。1

994年11月、中東歴訪の一環としてサウジアラビアを訪問した際、皇后は首都リヤド郊外の「赤い砂漠」を歩いていたときの情景をこう詠みました。

夕映えの砂漠の町にひびきくる祈りの時をつぐる歌声

歌声とはイスラム教の信者を祈りに誘うアザーンの調べのことです。昔はイスラム教寺院の尖塔の上から導師が地声で朗唱しましたが、いまはスピーカーから流れてきます。町中からアザーンの調べが砂漠まで聴こえてくるのでしょう。厳かさとともに、「ひびきくる」からは空間的な広がりを感じさせます。

天皇も皇太子だった2009年の歌会始で、やはり中東を訪問したときのことを歌っています。

水もなきアラビアの砂漠に生え出でし草花の生命《いのち》たくましきかな

ご夫妻が結婚後に初めて訪れた外国が中東のアラブ世界でした。お二人にとって印象深い旅だったことが分かります。また「水」を研究テーマにされている今上天皇らしい一首といえるかもしれません。宮内庁のホームページで英訳を読んだアラブの人々は嬉しかったに違いありません。

天皇、皇后を中心とした皇室が三十一文字の詩を詠むことを日常のこととしている事実は、皇室が欧州の王室とはまた違った文化と精神基盤の上にあることを国際社会に知らしめているようにも思います。

第4章

天皇のお仕事

三つに分けられる天皇のお仕事

ふだん私たちは天皇のお務めをじっくり考えることはありません。天皇、皇后両陛下が外国の賓客に晩餐会を催された、両陛下が地方を視察された、音楽会のチャリティーにご臨席された……。こうした話題も、よほど関心のある人でないと、その意味を深く考えることはありません。

近年、天皇のお仕事について改めて人々が考えるきっかけとなったのは、2016年8月、明仁天皇（現・上皇陛下）がテレビのビデオメッセージを通じて生前退位のご意向を示唆したときでした。平成になって明仁天皇がいかに数多くの「お務め」を果たしてきたかが改めて明らかにされました。

天皇のお務めは、憲法に規定された「国事行為」、憲法にも法律にも規定のない「公的行為」、「その他の行為」に分類されるというのが一般的な考えです。

このうち国事行為は、憲法第6条、第7条、第4条2項に具体的に定められてい

天皇のお仕事

国事行為	公的行為
【憲法第6条】 ●内閣総理大臣の任命 ●最高裁長官の任命 【憲法第7条】 ●憲法改正、法律、政令及び条約の公布 ●国会の召集 ●衆議院の解散 ●総選挙の施行の公示 ●国務大臣その他の官吏の任命、全権委任状及び大使公使の信任状認証 ●大赦、特赦、減刑、刑の執行の免除及び復権の認証 ●栄典の授与 ●批准書その他の外交文書の認証 ●外国の大使、公使の接受 ●儀式 【憲法第4条第2項】 ●国事行為を臨時代行に委任	●認証官任命式 ●新年、天皇誕生日一般参賀・祝賀 ●講書始の儀、歌会始の儀 ●春・秋の園遊会 ●拝謁（勲章・褒章受章者、被表彰者） ●御会見（国賓）、午餐（公賓、大臣、駐日大使ご夫妻） ●お茶会（日本芸術院受賞者、日本学士院賞受賞者） ●全国植樹祭、国民体育大会、豊かな海づくり大会、災害お見舞い、地方事情ご視察 ●国会開会式、全国戦没者追悼式、学士院授賞式、芸術院授賞式、国賓ご訪問 ●外国ご訪問

その他の行為	
公的性格・公的色彩を有するもの	純粋に私的なもの
●音楽鑑賞でも芸術奨励、チャリティーの性格があるもの ●大嘗祭	●宮中祭祀 ●神社ご参拝 ●御用邸ご滞在 ●大相撲ご覧 ●生物学ご研究

天皇の公務の負担軽減等に関する有識者会議最終報告　参考資料参照

ます。
憲法第6条は、
・国会の指名に基づいて、内閣総理大臣を任命すること
・内閣の指名に基づいて、最高裁判所長官を任命すること
憲法第7条は10項目を規定しています。
・憲法改正、法律、政令及び条約を公布すること
・国会を召集すること
・衆議院を解散すること
・国会議員の総選挙の施行を公示すること
・国務大臣及び法律の定めるその他の官吏の任免並びに全権委任状及び大使及び公使の信任状を認証すること
・大赦、特赦、減刑、刑の執行の免除及び復権を認証すること
・栄典を授与すること
・批准書及び法律の定めるその他の外交文書を認証すること

・外国の大使及び公使を接受すること
・儀式を行うこと
憲法第4条第2項は、
・国事行為を臨時代行に委任すること
です。

これらの国事行為は、天皇が国家機関として、内閣の助言と承認に基づいて行うとされています（憲法第3条）。「助言と承認」の意味は、「内閣が実質的に決定すること…そして天皇はそれに形式的名目的に参加される」（1988年10月の参議院内閣委員会で当時の内閣法制局長官）と解釈されています。

では天皇はその行為に対して拒否権をもつのでしょうか。これについて「内閣が助言と承認をしながら、天皇がその行為を行われない、つまり拒否されるということは憲法に認めていない」（1964年4月の参院内閣委員会での当時の内閣法制局次長）との解釈です。

この国事行為は宮殿「菊の間」の執筆室でのデスクワークが中心となります。最高裁長官の任命、国務大臣その他の官吏の任免の認証、法律や条約の公布、大使の信任状の認証など、毎週、火曜日と金曜日の閣議で決定された書類は、毎回、天皇のお手元に届けられます。天皇はそれらを丁寧にご覧になってご署名やご押印をされます。今上天皇の場合、その数は即位された2019年5月から年末の8カ月間で約700件、翌2020年の1年間は995件になりました。

一方、憲法にも法律にも規定されていない「公的行為」と「その他の行為」ですが、「公的行為」は「象徴としての地位に基づく行為」と解釈され、「象徴としての地位からにじみ出る行為」とも表現されています。「その他の行為」は私的行為ともされています。

まず、公的行為です。

皇居で行われる公的行為には「新年祝賀」「新年一般参賀」「天皇誕生日祝賀」などや、文化勲章や文化功労者、日本芸術院会員への「謁見」や「昼食会」、任地に赴任する大使夫妻などをお招きになって催す「お茶会」などがあります。「ご会釈《えしゃく》」というお務めは、皇居内の清掃奉仕のため全国各地から集まる人々とお会いになることです。

皇居以外では、全国戦没者追悼式や日本学士院授賞式、日本芸術院授賞式などへのお出まし、毎年春と秋の2回、赤坂御苑で催される園遊会。さらに全国植樹祭、国民体育大会、全国豊かな海づくり大会などにご出席のため地方に行かれる行幸啓があります。行幸啓とは天皇・皇后がご一緒に外出されること、天皇だけのときは行幸、皇后だけのときは行啓といいます。

また被災地のご訪問や、地方の福祉・文化・産業施設などもお訪ねになって、関係者を慰められ、また励まされるのも公的行為に含まれます。外国ご訪問もそうです。こうして見ても分かるように、公的行為はさまざまな分野におよびます。

平成になって明仁天皇の公的行為は拡大しました。例えば昭和天皇と明仁天皇がそれぞれ82歳だったときを比べると、行幸啓では昭和天皇は42件、明仁天皇は128件です。お茶会では昭和天皇4件、明仁天皇57件です。明仁天皇がいかに活動的、能動的だったか分かります。

その他の行為は私的な行為ともされていますが、これは二つに分けられています。「私的なものでも公的性格や公的色彩を有するもの」と「純粋に私的なもの」です。例えば同じ音楽会へのお出ましでも、文化芸術を奨励する意味合いがあったり、チャリティーといった公的な趣旨があるものの場合は前者になります。純粋に個人的なご関心でのご出席は後者になります。大相撲の観戦や展覧会のご鑑賞は後者に入ります。

「純粋に私的なもの」の中心は宮中祭祀（祭儀）です。宮中祭祀は皇居内の宮中三殿を使って行われます。

宮中三殿は賢所《かしこどころ》・皇霊殿《こうれいでん》・神殿《しんでん》の総称です。賢所は皇祖天照大神がまつられています。皇霊殿には歴代天皇・皇族の御霊がまつられており、崩御《ほうぎょ》（天皇が逝去されること）・薨去《こうきょ》（皇族が亡くなられること）の1年後に合祀《ごうし》されます。また神殿には国中の神々がまつられています。

主要祭儀一覧

月日	祭儀	内容
1月1日	四方拝《しほうはい》	早朝に天皇陛下が神嘉殿南庭で伊勢の神宮、山陵および四方の神々をご遙拝になる年中最初の行事
	歳旦祭《さいたんさい》	早朝に三殿で行われる年始の祭典
1月3日	元《げん》始《し》祭《さい》	年始に当たって皇位の大本と由来とを祝し、国家国民の繁栄を三殿で祈られる祭典
1月4日	奏《そう》事《じ》始《はじめ》	掌典長が年始に当たって、伊勢の神宮および宮中の祭事のことを天皇陛下に申し上げる行事
1月7日	昭和《しょうわ》天皇祭《てんのうさい》	昭和天皇の崩御相当日に皇霊殿で行われる祭典（陵所においても祭典がある）。夜は御神楽がある
1月30日	孝明天皇例祭《こうめいてんのうれいさい》	孝明天皇の崩御相当日に皇霊殿で行われる祭典（陵所においても祭典がある）
2月17日	祈《き》年祭《ねんさい》	三殿で行われる年穀豊穣祈願の祭典
2月23日	天長祭《てんちょうさい》	天皇陛下のお誕生日を祝して三殿で行われる祭典
春分の日	春《しゅん》季《き》皇霊祭《こうれいさい》	春分の日に皇霊殿で行われるご先祖祭
	春《しゅん》季《き》神殿祭《しんでんさい》	春分の日に神殿で行われる神恩感謝の祭典
4月3日	神《じん》武《む》天皇祭《てんのうさい》	神武天皇の崩御相当日に皇霊殿で行われる祭典（陵所においても祭典がある）
	皇霊殿《こうれいでん》御《み》神楽《かぐら》	神武天皇祭の夜、特に御神楽を奏奏して神霊をなごめる祭典
6月16日	香淳皇后例祭《こうじゅんこうごうれいさい》	香淳皇后の崩御相当日に皇霊殿で行われる祭典（陵所においても祭典がある）
6月30日	節《よ》折《おり》	天皇陛下のために行われるお祓いの行事
	大祓《おおはらい》	神嘉殿の前で、皇族をはじめ国民のために行われるお祓いの行事
7月30日	明《めい》治《じ》天皇例祭《てんのうれいさい》	明治天皇の崩御相当日に皇霊殿で行われる祭典（陵所においても祭典がある）
秋分の日	秋《しゅう》季《き》皇霊祭《こうれいさい》	秋分の日に皇霊殿で行われるご先祖祭
	秋《しゅう》季《き》神殿祭《しんでんさい》	秋分の日に神殿で行われる神恩感謝の祭典
10月17日	神嘗祭《かんなめさい》	賢所に新穀をお供えになる神恩感謝の祭典。この朝天皇陛下は神嘉殿において伊勢の神宮をご遙拝になる
11月23日	新嘗祭《にいなめさい》	天皇陛下が、神嘉殿において新穀を皇祖はじめ神々にお供えになって、神恩を感謝された後、陛下自らもお召し上がりになる祭典。宮中恒例祭典の中の最も重要なもの。天皇陛下自らご栽培になった新穀もお供えになる
12月中旬	賢所《かしこどころ》御《み》神楽《かぐら》	夕刻から賢所に御神楽を奉奏して神霊をなごめる祭典
12月25日	大正天皇例祭《たいしょうてんのうれいさい》	大正天皇の崩御相当日に皇霊殿で行われる祭典（陵所においても祭典がある）
12月31日	節《よ》折《おり》	天皇陛下のために行われるお祓いの行事
	大祓《おおはらい》	神嘉殿の前で、皇族をはじめ国民のために行われるお祓いの行事

出典：宮内庁ホームページ

天皇は祭祀を大切に受け継がれ、国家と国民の安寧と繁栄を祈られます。年間約30件の祭祀が行われています。収穫豊穣を祈願する「祈年祭」(2月17日)、春分の日に行われるご先祖祭の「春季皇霊祭」(春分の日)、賢所に新穀を供える神恩感謝の「神嘗祭《かんなめさい》」(10月17日)などがあります。

宮中祭祀のなかで最も重要なものが11月に行われる「新嘗祭《にいなめさい》」(11月23日)です。新穀を皇祖はじめ神々にお供えし、神恩を感謝された後、天皇もお召し上がりになる祭りです。天皇自ら栽培された新穀もお供えします。

宮中祭祀は政教分離の観点から、天皇家のプライベートなおカネである内廷費から支出されています。新嘗祭ももちろんそうです。しかし天皇が即位した年に行われる新嘗祭は一世一度の祭祀として「大嘗祭《だいじょうさい》」と称され、これだけは私的なものながら公的性格も有するとして宮廷費で賄われています。詳しくは、第6章の「皇室のお財布事情」のところで説明します。

象徴天皇制下の祭政一致

天皇のお務めを国事行為、公的行為、その他の行為（私的行為）で見てきましたが、象徴天皇はどうあるべきかという議論はこのお務め、とくに公的行為と密接に絡んでいます。

象徴天皇のあるべき姿について、大きく存在論と機能論が対立しています。存在論とは天皇は存在しているだけで十分で、国家と国民のために祈り、祭祀を執り行っていただければいいとする意見です。これは保守派、右派を中心に根強くあります。

右派からすると、天皇が公的行為をすればするほど、本来持つ宗教的権威が失われてしまう。天皇が国民に寄り添うということは「国民並み」になってしまうことだと主張します。

一方、機能論の立場は、天皇の行動に焦点を当てます。「象徴」として国民の信頼を得るためには、国民の苦しみ、悲しみ、喜びに共感し、寄り添っていることを行動で示す必要があるというのです。

明仁天皇のビデオメッセージの発表後、安倍晋三首相が設置した「天皇の公務の負担軽減等に関する有識者会議」（２０１６年10月～２０１７年４月）は、何回かに分けて天皇や皇室に詳しい有識者にヒヤリングを実施しました。ここで存在論と機能論の主張者が対照的な論議を展開しました。

存在論の根拠――

「天皇陛下がいつまでもいらっしゃるというご存在の継続そのものが国民統合の要となっている。ご公務をなされることだけが象徴を担保するものではない」

「天皇は祭り主として『存在』することに最大の意義がある。『公務ができてこそ天皇である』という理解は、『存在』よりも『機能』を重視したもので、天皇の能力評価につながり、皇位の安定性を脅かす」

機能論の根拠――

「天皇は存在されるだけでは、『天皇が象徴である』ということに多くの国民の賛同を得ることはできず、皇室が長く続くためには国民や社会の期待に沿うあり方であることが必要である」

「象徴天皇の役割は、憲法でその地位を基礎づけられている日本国民の総意に応えられるよう、国家と国民統合のため、自ら可能な限り積極的に『お務め』を果たされることだ」

公的行為には明確な法律上の定義がなく、その時々の天皇の裁量や宮内庁の解釈に委ねられています。ただ先に述べたように昭和天皇と比べ、明仁天皇の公的行為は多岐にわたりました。そこには国民統合の象徴であるためには能動的でなければならない、という明仁天皇ご自身の明確な考えがあったことは間違いないでしょう。

存在論と機能論が対立するなか、明仁天皇が象徴天皇とはどうあるべきかをご自身の言葉で明確に語ったのが2016年8月のビデオメッセージでした。ここで明仁天皇は天皇の務めとして、「何よりもまず国民の安寧と幸せを祈ること」と「同時に事にあたっては、時として人々の傍らに立ち、その声に耳を傾け、思いに寄り添うこと」の二つを挙げました。

前者は「祈り」であり、後者は人々と交わり、声を聴き、人々の願いと思いを共有していくこと、つまり「公的行為」です。祈りと公的行為はどちらを優先するかの問題でなく、どちらも大切なのです。右派の言うように祈りだけをしていればこと足りるわけでなく、また公的行為だけで満足すべきものでもないのです。この二つは互いに深く結びついているとの認識が明仁天皇には明瞭にあります。

第2章の「天皇家の歴史と『祈り』」で、8世紀の律令制度の下で国家の祭政一致体制が確立したと述べました。今日、天皇が「祈り」と「公的行為」を同時に担われていることは、象徴天皇制における祭政一致の一つの形と言ってもいいかもしれません。

昭和天皇が亡くなられたとき、明仁天皇はすでに決まっているご公務以外、公的行為は何をすべきかが明確ではなかったと思われます。しかし自然災害が多発するなかで、美智子皇后と被災地に何度も足を運ばれ、避難所を見舞われ、被災者を励まされてきました。膝をついて被災者と対等な目線で言葉を交わすスタイルがここから確立しました。

またある時期から始まった戦災地などへの「慰霊の旅」も、平成の時代の公的行為を特徴づけるものになりました。公的行為も国民の支持がなければなりません。明仁天皇は手探りしつつ、人々の反応を見ながら、公的行為の地平を広げられてきたと思われます。皇太子時代、ご両親が実践されていた公的行為を間近に見られてきた今上天皇も、国民統合の象徴であるために公的行為がいかに大切か十分にご存知でしょう。

コロナ禍後の皇室の公務

即位後、両陛下は愛知県で開かれた全国植樹祭（6月）に一泊の日程で出席され、8月15日には東京・日本武道館の全国戦没者追悼式に臨まれました。さらに国民文化祭・全国障害者芸術・文化祭（9月、新潟県）、国民体育大会（同、茨城県）、海外日系人大会記念式典（10月、東京）と、いずれもご夫妻でご出席されました。

この年の12月には、10月の台風19号で甚大な被害を受けた宮城、福島両県を、日帰りで訪問されます。即位後の被災地入りは初めてで、高齢の被災者には腰を落として話をされました。

しかし2020年春からの新型コロナウイルス感染拡大で、皇室関連の行事は相次いで延期や取りやめを余儀なくされます。両陛下は4月以降、ともに住まいの赤坂御所でご進講や面会を重ね、医療や経済、教育、福祉、雇用など、多方面への影響を聞いてきました。そして11月から国民との交流にオンラインを導入します。

ちなみに皇室で最初にオンラインを導入したのは秋篠宮家でした。この年の6月、高知市で開催された「全国高校総合文化祭（総文祭）」の総合開会式を、赤坂御用地の宮邸でご夫妻と長男悠仁さまとオンラインで視聴されました。例年、秋篠宮さまがご臨席されていましたが、新型コロナウイルス感染予防のためインターネットでの参加となりました。また秋篠宮ご夫妻は8月、総文祭に参加した高知県の高校生とオンラインで懇談されました。

また宮内庁によると、秋篠宮さまの次女、佳子さまは5月以降、新型コロナウイルスに関わる専門家や関係者からオンラインのご進講を受けられ、年末までに30件近くに上りました。事前に資料を読み込み、熱心に質問もされ、ご進講者に感謝の気持ちを伝えられたといいます。

9月には、鳥取県で開催された「全国高校生手話パフォーマンス甲子園」をオンラインで視聴され、佳子さまの手話を交えたビデオメッセージが開会式で流されました。

天皇、皇后両陛下が最初にオンラインを使われたのは11月18日でした。赤坂御所を日赤医療センター（東京都渋谷区）など全国4カ所の赤十字病院とインターネットでつなぎ、視察と懇談を行ってコロナ対応に当たる医療従事者をねぎらわれました。同25日には敬老の日にちなみ、大分県と東京都の高齢者団体をオンラインで訪問。12月17日には障害者週間にちなみ、長野県の企業で働く障害者と画面越しに笑顔で懇談されました。

年が明けた2021年1月1日には、即位後初めてとなるビデオメッセージを発表されました。「残念ながら一般参賀の場で皆さんに直接お話をすることができなくなりました。そこで今回は、ビデオで新年の御挨拶をしようと思います」と語りかけられ、最後に「再び皆さんと直接お会いできる日を心待ちにしています」と結ばれました。

1月27日には、2020年7月の豪雨の被災地・熊本県で、被害が大きかった四つの市町村を結んで被災者を励まされ、3月には東日本大震災が10年を迎えるのに合わせ、福島、宮城、岩手3県の被災者をオンラインで見舞われました。

今後、新型コロナウイルスが収まっても、オンラインは両陛下と国民との交流を広げるツールになると思われます。公的行為を通して両陛下がどのようなカラーを打ち出されていくのか見守っていきたいと思います。

第5章

天皇・皇后の国際親善

天皇、皇后両陛下の国際親善活動

皇室の国際親善活動は、天皇、皇后両陛下を中心として、未成年を除く皇室ファミリー総出で担われています。

両陛下が外国の賓客を歓迎する晩餐会や午餐会をもたれると、皇族の方々も出席され、それぞれ招待客を接遇し、歓談されます。外国からの招待に、天皇は皇后とともに多くの場合、国賓として訪問されます。しかし両陛下が応えられない招待については皇族方が手分けして訪問されます。

両陛下と皇族方が有機的に連携しながら国際親善を果たされているのですが、皇族の方々については第6章「皇室ファミリー」の項で触れるので、ここでは天皇、皇后両陛下の国際親善活動を中心にお話ししましょう。

賓客への接遇

外国からの賓客のなかで、日本が最高の儀礼をもって接遇するのが国賓です。国賓は国王（女王）、大統領などの元首に限られます。原則、国賓を受け入れるのは年2回と決められており、そのための予算措置もなされます。

国賓に対して日本は二段構えでもてなします。あと先はそのときによって異なりますが、天皇、皇后両陛下が晩餐会をもたれ、首相が夕食会（もしくは昼食会）を主催します。日本の歴史と伝統と文化を背負われた非政治的存在の天皇と、政治家の首相がそれぞれ接遇することで、日本の国としてのもてなしは、より広がりと深みのあるものになっています。

国賓に対する天皇、皇后両陛下のおもてなしは、まず歓迎式典で始まり、つづいて皇居宮殿内でのご会見、そして夜の宮中晩餐会と、同じ日に3回、接遇する機会をもたれます。そして国賓が離日する日に、国賓の滞在先を訪れてお別れのあいさつをされます。つまり基本的に両陛下は国賓を4回接遇されます。

ただ親密な交流をしている国王夫妻の場合には、両陛下はご自分たちで東京近郊にご案内することもあります。例えば2008年11月に来日したスペインのファン・カルロス国王夫妻の場合、両陛下は「お召し列車」で茨城県つくば市をご一緒され、宇宙航空研究開発機構筑波宇宙センターなどを案内されました。

国賓訪問を具体的にみていきましょう。

今上天皇が即位して最初に迎えた国賓はトランプ米大統領でした。2019年5月25日から28日まで3泊4日の滞在でしたが、正確には25、26日は公式訪問で、安倍晋三首相との会談、食事会などの政治日程で、27、28日が国賓となりました。トランプ大統領も新天皇が迎える最初の国賓という名誉を得て、嬉しかったはずです。

大統領とメラニア夫人は東京都内のホテルに宿泊しました。ホテルに入った25日、色とりどりの花をアレンジした、ひとかかえもある花束がスイートルームの部屋を飾っていました。贈り主は皇后の雅子さま。3泊4日の日本滞在が楽しいものになるようにとの心のこもった皇后のお手紙とともに、しゃれた包みのお菓子の箱が置かれていました。

このおもてなしは上皇后の美智子さまから引き継がれたものです。上皇后は皇后だったとき、国賓が来日すると必ず直筆の手紙を添えて、バラの花束を宿泊先に届けておられました。バラの品種は「プリンセス・ミチコ」。雅子さまは同じバラとはいきませんから、花屋にさまざまな花をアレンジしてもらったのです。大統領夫妻は皇后のお心遣いに嬉しかったことでしょう。

かつて歓迎式典は港区元赤坂の迎賓館で行われていました。しかし迎賓館の改修を契機に、最近は皇居宮殿前の東庭で行われています。

夏を思わせる陽気の中、27日午前9時20分、車寄せにつけた専用車からトランプ大統領とメラニア夫人が降り立ちました。大統領は黒っぽいスーツに赤いネクタイ、メラニア夫人は胸に刺繍のある白のワンピース。歓迎式典での服装は平服とされ、特段のフォーマルな服装は求められていません。

出迎えられた両陛下と握手と言葉を交わされた大統領夫妻は、皇嗣である秋篠宮ご夫妻を紹介されました。ファミリーのなかで、自分の立場に次ぐ重要な地位にいる秋篠宮ご夫妻を最初に大統領に引き合わされたのです。

両陛下と大統領夫妻は赤じゅうたんを踏んで台の上に立ちました。台といっても高さ10センチほどです。天皇とトランプ大統領が中央に並び、その両側に伴侶が立ちます。

両国国旗が風に揺れ、陸上自衛隊の第302保安警務中隊と中央音楽隊で構成された約一四〇人の儀仗《ぎじょう》隊が威儀を正すなか、米国の国歌と君が代が演奏されました。つづいて大統領だけ歩を進め、儀仗隊が居並ぶ式場中央の台に立ち、「栄誉礼」を受けます。

儀仗隊長の「捧げ銃《つつ》」の号令で、儀仗隊が最高の敬礼である銃を体の中央に垂直に捧げ持つ「着剣捧げ銃」の姿勢をとります。中央音楽隊が儀礼曲である黛敏郎氏作曲の『冠譜《かんぷ》』を演奏し、この間およそ25秒間、トランプ大統領と正対する儀仗隊長は右手のサーベルを斜め下にし、賓客への栄誉礼を示します。

曲が終わると「巡閲」に移ります。陸上自衛隊の中央音楽隊初代隊長だった須摩洋朔《ようさく》氏が作曲した荘重な『巡閲の譜』が中央音楽隊によって奏でられ、大統領は儀仗隊長の先導で儀仗隊を巡閲し、招かれた日米の小中学生たちが両国国旗をうち振る前に来ると、大統領はにこやかに手を挙げました。

儀仗隊長の先導で大統領が巡閲している間、天皇は元の位置で見守っています。国際儀礼上は元首の巡閲には、迎えた元首が随伴して歩くのがふつうですが、日本はそうなっていません。そこには非政治的な天皇が軍隊組織である自衛隊にかかわることへの慎重姿勢があると思われます。自衛隊が皇居の中に入ったのも、皇居で歓迎式典を行うようになってからです。

巡閲後、天皇は大統領夫妻に皇族方や閣僚など日本側参列者を紹介し、大統領は天皇、皇后両陛下に米国側随行団を紹介しました。これで歓迎式典は終わりです。新聞記事やテレビのニュースでは「歓迎式典が行われました」のひとことで終わってしまう儀式も、さまざまな演出と工夫が凝らされているのです。

歓迎式典が終わると、両陛下と大統領のカップルは侍従長の先導で宮殿に入り、「竹の間」での「ご会見」となります。

「ご会見」は外からは窺うことができません。両陛下と大統領カップルが着席すると、まず写真撮影があり、つづいて懇談になります。「ご会見」に立ち会う人は限られていて、記録もとられず、立ち会った式部官長があとで宮内庁の記者会にブリーフィングします。

それによると、天皇は通訳を交えつつ大統領と、皇后陛下は終始英語でメラニア夫人と会話を楽しまれました。天皇は大統領夫妻から趣味のビオラ、皇后さまは母校ハーバード大が伐採した木で作ったペンを贈られました。両陛下から大統領へは、濃い青色の円すい形の飾り鉢、メラニア夫人へは金細工を施した飾り箱を贈られました。

会見を終えた午前10時15分ごろ、大統領夫妻は両陛下に見送られて皇居をあとにしました。

賓客と皇后の心温まる交流

さしさわりのない内容がブリーフィングされるご会見ですが、心温まるやりとりが交わされていることを窺わせるエピソードがあります。

2013年6月、上皇后の美智子さまが皇后だったとき、フランスのオランド大統領が国賓として、事実婚関係にあったパートナーのヴァレリー・トリルベレールさんと来日しました。歓迎式典のあとのご会見で、美智子さまがヴァレリーさんにこう語りかけられました。

「ヴァレリーとファーストネームでお呼びしていいですか。私のこともミチコと呼んでください」と。これにヴァレリーさんは「私にはとても失礼で、皇后さまとしかお呼びできません」と答えました。

ヴァレリーさんは来日から7カ月後の2014年1月にオランド大統領と関係を解消し、その年の9月、半生をつづった著書を出版しました。そのなかで美智子さまとのやりとりを明かしたのです。

「国賓訪問にはいつも現実離れした側面があります。消耗する役割のなかにも夢のようなひとときがあります。最も素晴らしいものは日本への国賓訪問で、天皇、皇后両陛下のおもてなしは魂を奪われるような思い出として残っています」

オランド仏大統領とトリルベレールさんの「ご会見」の様子

そしてご会見で美智子さまからかけられた言葉を紹介しています。ヴァレリーさんは貧しい家に育ち、中学生のときから花屋で働く母を手伝い、高校生になってからは日曜日にブティックでアルバイトをして家計を助けました。こう書いています。

「あの貧しかった少女が日本の皇后から『ファーストネームでお呼びしていいですか』と言われようとは。…皇后は私がやっていることもいろいろ知っておられ、皇居を辞去するときカメラの放列の前で優しく抱擁してくださいました」

この本が出版された翌年、ヴァレリー

さんはフランス人道援助団体に同行して来日しました。このとき私はインタビューし、皇后とのやりとりを改めて確認しました。

「皇居は実に印象深い場所です。雰囲気、伝統、引き継がれてきた外交儀礼の重みと、歴史のなかにいるような思いです」

「美智子皇后とは2回、通訳を入れて話しましたが、私が恵まれない子どもたちの人道支援団体の代表をしていることや、アフリカに関心をもっていることなど、私がやっていることを実に詳しくご存知で、よく準備していただいていると感じました」

このときはもう大統領のパートナーではありませんでしたが、両陛下と皇室への深い親しみを語ってくれました。

誰に対しても平等に、最高のものを

トランプ大統領に戻りましょう。歓迎式典の行われた夜に、両陛下主催で歓迎の宮中晩餐会が開かれました。両陛下のもてなしの姿勢が明瞭に表れるのがこの晩餐会です。それは「誰に対しても平等に、最高のものを」という精神です。大国であろうと、小国であろうと区別せず、最高のおもてなしをするからです。

会場は皇居宮殿の「豊明殿」。広さ９１５平方メートルと、宮殿のなかで最も大きな広間で、一棟一室となっています。名前は、奈良時代以降、宮中で行われた大嘗祭のあとの饗宴である豊明節会《とよのあかりのせちえ》にちなんでいます。

この晩餐会には一六五人の、日米に縁のある各界の人が招かれました。天井から下がるクリスタルガラスのシャンデリアに銀器やグラス類が鈍く光るなか、両陛下とトランプ大統領とメラニア夫人が入ってこられ、招待客は起立して迎えました。

歓迎のお言葉に立った天皇は、祖父母の昭和天皇と香淳皇后、両親の上皇と上皇后、そして自分と雅子皇后の皇室３代にわたる米国との絆を、米国の歴代五人の大統領の名前を挙げながらたどりました。最後に大統領夫妻の健康と米国の繁栄と米国民の幸せを祈って結びの言葉にしました。

大変よく練られたおことばで、宮内庁のホームページに載っていますから興味ある方は読んでみてください。

米国国歌が演奏され、天皇とトランプ大統領は杯を合わせ、全員がこれに倣いました。つづいてトランプ大統領が答礼スピーチに立ちました。『万葉集』と日本の詩歌文化の素晴らしさを語った内容については第3章の「トランプ大統領が取り上げた万葉集」で紹介したので省きます。最後に大統領は「令和が両陛下と皇室、日本国民にとって平和と繁栄の時代となることを心よりお祈り申し上げます」と述べて締めくくりました。君が代が演奏され、再び乾杯が行われました。

全員が着席すると、それを合図に、スープを入れた銀の容器を捧げ持った給仕たちが一斉に入ってきました。豊明殿の一角に控えた室内オーケストラの演奏も始まります。この夜のメニューです。

料理　〈清羹《せいかん》〉〈平目牛酪焼〉〈牛背肉焙焼〉〈サラダ〉〈凍果　富士山型アイスクリーム〉〈果物〉

飲物　〈ピュリニー・モンラッシェ　2002年〉〈シャトー・ラフィット・ロートシ

ルト　1996年〉〈ドン・ペリニヨン　モエ・エ・シャンドン　1999年〉

宮中晩餐会はフランス料理にフランスワインと決まっていて、料理はデザートと果物を別にして3品です（サラダは単品では出されず、主菜の肉料理と一緒に出されます）。以前はスープである清羹と主菜の間に2品あって計4品でしたが、2008年に宮内庁は1品減らしました。饗宴時間を短縮して、高齢の明仁天皇の負担を軽くする意図もありましたが、宮中晩餐会は他の主要国と比べても皿数が多かったので、他国並みになったというべきでしょう。

清羹はツバメの巣のコンソメスープです。饗宴の最初にスープをもってくるのはヨーロッパの宮廷外交の伝統ですが、このしきたりを今日に維持しているのは主要国では皇室だけです。宮廷外交の伝統を受け継ぐ英国のバッキンガム宮殿でさえスープは出しません。

2品目は舌平目のムニエルで、稚鮎の衣揚げやアスパラガス、スナップエンドウなどが添えられていました。主菜は背肉のステーキで、付け合わせは焼きニンジン、ズッキーニ、シメジなどです。肉料理は仔羊が多いのですが、ここは牛肉好きな米大統領を考えたのでしょう。一緒に出されたサラダは、トマト、レタス、ブロッコリーにフレンチドレッシングが合わされていました。デザートの富士山型アイスクリームは宮中晩餐会での定番で、バニラと抹茶の2種類です。最後の果物は、このときはメロンと巨峰でした。

さてワインです。白がフランスの銘醸地ブルゴーニュ地方のワインです。生産者名がメニューに記載されていないから分かりませんが、「誰に対しても最高のものを」との皇室の原則からすれば、最高級のグラン・クリュ（特級）であることは間違いないでしょう。

赤のシャトー・ラフィット・ロートシルトは仏ボルドー地方の最高級にランクされている5大シャトーの一つです。そして乾杯とデザートに出されたシャンパンは、祝祭のときの定番であるドン・ペリニョン。ただトランプ大統領はアルコールをたしなみませんから、この素晴らしいワインは一六五人の招待客が楽しむことになりました。

食事が終わると、両陛下と大統領カップルはそれぞれ「泉の間」「春秋の間」に移動し、しばし休憩。つづいて皇族や随員、主たる招待者たちが集まる「石橋の間」に合流し、歓談のひとときを過ごしました。頃合いを見て大統領夫妻はおいとまを告げ、両陛下に見送られて宮殿東庭の南車寄せから車列を連ねて宿舎となっている都内のホテルへ向かいました。

この最高のもてなしは米国の大統領だからではありません。アフリカの小国であろうと、フランス料理に最高のフランスワインでもてなすのは不変です。

トランプ大統領夫妻が離日する翌28日午前、両陛下はお別れのあいさつをするため、宿泊先のホテルを訪れました。先に述べた4回目の接遇になります。

天皇は「大統領夫妻をお迎えできて大変うれしく思います」と述べ、トランプ大統領は宮中晩餐会について感謝の意を示し、「両陛下のことをよく知ることができ、本当の友人同士になりました」と述べました。皇后さまも会話に加わり、懇談は約20分間和やかな雰囲気で行われ、両陛下は宿舎を辞しました。こうして来日した国賓に対するおもてなしが終わりました。

国賓以外の賓客へのもてなし

元首でも国賓ではない訪問形式もあります。高い順に「公式実務訪問」「実務訪問」「非公式（私的）訪問」です。今上天皇が即位した2019年5月から年末までの8カ月間に来日した外国の国家元首は、国際会議もあって二九人に上り、多くの賓客とご会見になりました（ときに皇后もご同席）。ちなみに宮内庁は天皇が外国の国家元首と会われるのを「ご会見」、元首以外の首相や国会議長や大使と会われるのを「ご引見」と呼び、区別しています。元首はその国の最高権威の存在で、いうならば天皇と同格です。

天皇は国賓に対しては晩餐会を主催しますが、国賓に次ぐ公式実務訪問の賓客に対しては午餐会をもつことになっています。明仁天皇のときはご負担を減らすため、2016年から公式実務訪問賓客への午餐会は取り止めていましたが、今上天皇になって元に戻しました。これに基づき、公式実務訪問で来日したマクロン仏大統領（2019年6月）と、ウズベキスタンのシャフカット・ミルジヨエフ大統領（同年12月19日）には午餐会がもたれました。

公式実務訪問の次の実務訪問の賓客に対しては食事会をもちませんが、ご会見されます。２０１９年9月、旧ユーゴスラビア・コソボのサチ大統領が来日したときは、東京五輪が予定通り開かれるときだったので、ご会見で話がはずみました。宮内庁によると東京五輪・パラリンピックが話題になり、天皇は２０１６年にリオデジャネイロ五輪でコソボ初の金メダルを獲得した柔道女子のマイリンダ・ケルメンディさんに触れ、「東京五輪でコソボの選手たちの活躍を期待しています」と話されました。

また即位された２０１９年は、個別の賓客の来日のほか、6月に大阪で20カ国・地域首脳会議（G20サミット）が、8月には横浜で「アフリカ開発会議（ＴＩＣＡＤ）」と、国際会議が開催されました。先のマクロン大統領もG20サミットでの来日でしたが、天皇はトルコのエルドアン大統領とも会見されました。やはりG20サミットで来日したサウジアラビアのムハンマド皇太子とは天皇は親交があり、お住まいの東京・元赤坂の御所に招かれました。

またTICADでは、来日した32カ国の大統領や首相たち四四人を皇居宮殿に招かれ、懇談されました。冒頭、天皇は「この会議がアフリカ諸国のさらなる発展と人々の幸せに寄与していくものとなったことを期待しています」と述べられました。その夜は、TICADに合わせて開かれた「野口英世アフリカ賞」の授賞式に出席されています。即位早々、天皇、皇后両陛下は国際親善に多忙な日々がつづきました。

もっともこれがつづくとみられた2020年は、新型コロナウイルス問題もあって元首の来日はありませんでした。

馬車を希望する大使たち

天皇、皇后両陛下が日本に派遣された各国の大使夫妻と最初に会われるのは、大使が信任状を奉呈するために皇居に上がったときです。相手国の元首からの信任状を受け取るのは国際儀礼上の儀式で、国事行為として憲法7条に規定されています。

現在、184カ国が日本に大使館を置いています。

2020年は2月にキプロスとシンガポールの大使が信任状を奉呈した後、新型コロナウイルス感染拡大に伴う緊急事態宣言で一時延期しました。しかし解除後は復活し、一二人の大使が今上天皇に信任状を奉呈しました。

参内する新任大使は皇室専用車か、美しく飾った儀装馬車のいずれかで送迎されます。世界的にも大使の送迎に馬車を使用している国は、英国やスペインなど数カ国のみで、日本の場合は儀装馬車に希望が集まります。

儀装馬車は1号から4号まであり、大使の送迎に使用している4号は1913(大正2)年に国内で製造されました。2頭曳きで四人乗り。全長4・5メートル。車体の胴両側に金高蒔絵の御紋章があります。

出発地は東京駅丸の内中央口で、大使夫妻は東京駅の駅長室脇にある貴賓室で待機します。貴賓用玄関に儀装馬車が横付けされると、大使夫妻は馬車に乗り込みます。随員も後続の馬車でつづきます。東京駅からまっすぐ伸びる行幸通りを通り、皇居前広場、皇居正門(二重橋)を経て皇居に入り、宮殿南寄せに着けます。行程

1・8キロ。この間、皇宮警察や警視庁が騎馬で警護します。

信任状奉呈の儀式は正殿松の間で行われますが、服装は正礼装と決められていま す。天皇はモーニングコート、大使は男性ならモーニングコートか民族衣装、女性ならアフタヌーンドレスか民族衣装で臨みます。民族衣装も正礼装とされています。信任状の奉呈が終わると、大使は本国の元首から預かってきた言葉を伝え、天皇は日本との友好のために努めてもらうことへの期待を述べられます。

また両陛下は折々に外交団を招いて食事会やお茶会を開いていて、各国大使夫妻と懇談する機会を設けています。「両陛下は外交団を大事にされていて、先進国で外交団がこれだけ大事にされる国はそうないです」と外務省幹部は言います。

大使が離任するときも、天皇、皇后両陛下は大使夫妻にご引見され、大使から離任のあいさつを受けます。両陛下はねぎらいのことばをかけられ、これからも日本との友好のために尽くしていただきたいと期待を述べます。ちなみに2019年は、天皇が即位された5月から年末まで一三人の大使がお別れに参内しました。202 0年はケニアやオーストリアなど六人でした。

慰霊の非対称

今上天皇、皇后は本来であれば2020年の4月から6月にかけて、エリザベス英女王の招待を受けて英国を国賓で訪問されていました。しかし新型コロナウイルス感染問題で中止となりました。

上皇、上皇后は皇太子、皇太子妃のとき計21回、延べ42カ国をご訪問されました。多くの場合、昭和天皇のご名代としてでした。天皇、皇后になった平成では計17回、延べ33カ国を訪問されています。国際感覚に富む今上天皇、皇后は、コロナ禍が収まればご両親と同様、活発に外国訪問をされるでしょう。

日本では天皇を国家元首として正式には位置付けていませんが、天皇が皇后とともに外国訪問をされると、その国の政府は日本の元首として遇します。

両陛下のカナダ訪問（2009年）で随行スポークスマンを務め、間近で両陛下を見てきた沼田貞昭氏（元駐カナダ大使）は「両陛下は外国において日本国民の友情と善意と親愛の情を代表して行動し、相手から受けた友情と善意と親愛の情を、日本の国民に伝えることがご自分たちの務めと考えておられます」と語っています。つまり両陛下は私人としてではなく、日本国民の気持ちを体し、日本国民の名において行動するのです。

両陛下が国賓で外国を訪問されたときに受ける接遇は、国賓を日本に迎えたときとほぼ同じです。歓迎式典、相手方元首とのご会見、歓迎晩餐会……。また滞在中、両陛下はその国がぜひ見てほしいと望む施設や場所に足を運ばれます。現地で活躍する在留邦人との面会も設定されます。ただし日本にはなくて、外国では必ず組み入れられている行事があります。それは祖国のために殉じた人への慰霊の儀式です。呼称は国によって「無名戦士の墓」「戦没者慰霊塔」「英雄記念碑」などさまざまですが、両陛下は花輪を捧げ、こうべをたれて静かに黙とうします。これはその国とその国民に対する最高の敬意と友好の表明でもあります。またかつて敵同士だった場合は、和解と未来志向の協力への象徴的行為となります。

米国は首都ワシントンのアーリントン国立墓地、英国はロンドンのウェストミンスター寺院内、フランスはパリの凱旋門の下で、いずれも無名戦士の墓と呼ばれています。フィリピンはマニラに無名戦士の墓があり、明仁天皇、美智子皇后は訪比すると無名戦士の墓はもちろんのこと、独立の英雄ホセ・リサール（1861〜1896年）の記念碑を訪れ、献花するのを常としていました。

しかし外国の賓客が来日してもこの慰霊の儀式が行われません。なぜかというとA級戦犯が祀られている靖国神社に外国の元首は行けず、代替する施設も用意されていないからです。この慰霊の非対称性を解消するには、外国の賓客が慰霊する場所を日本政府が設けることで、それには3通りの方法があります。①靖国神社のA級戦犯の合祀を取り下げる、②国立施設の建設、③千鳥ヶ淵戦没者墓苑を暫定的に代替施設にあてる、です。

もしそういう施設があり、外国首脳が戦没者の霊に深々とこうべを垂れたなら、東京大空襲やアジア各地の戦闘や、南太平洋の島々で亡くなった人々の遺族のわだかまり、恨み、辛さは癒され、和らぐのではないでしょうか。

明仁天皇、美智子皇后の慰霊で印象深いものの一つに、オランダを訪問されたときのことがあります。

日本とオランダの間には大きな認識ギャップがありました。日本にとってオランダは鎖国をしていた江戸時代に、長崎の出島を通じて外国の文物と情報をもたらしてくれた国で、チューリップと風車の国でもあります。しかしそうした好ましいイメージとは対照的に、オランダにとって日本の印象は第二次大戦のときのものでした。

第二次大戦勃発直後、日本軍はオランダが植民地にしていたインドネシアを占領。オランダの民間人と兵士など計一三万人を強制収容所に収容しました。ここで約二万二〇〇〇人が食料不足と風土病などで亡くなります。大戦後、オランダ人の植民者は一切合切を失って引き揚げ、これが日本への恨みとなって残りました。

昭和天皇、香淳皇后が1971年に非公式でオランダを訪問されたときは、大々的なデモに見舞われました。両陛下の乗られた車に魔法瓶が投げられ、フロントガラスにヒビが入りました。また両陛下の宿舎のホテルはひと晩中、デモ隊に囲まれました。その後も、日本の首相が植樹をすると翌日には抜かれたり、焼かれたりということがつづきます。

大戦前、日本は戦争の引き金となったABCD包囲網と呼ばれた経済封鎖を受けました。A（米）、B（英）、C（中）、D（ダッチ＝蘭）で、日本はこの4カ国と戦火を交えました。戦後、天皇は米、英、中の3カ国を国賓で訪問しましたが、最後までオランダが残りました。

日蘭交流400年の2000年、明仁天皇、美智子皇后は国賓で初めてオランダを訪問しましたが、アムステルダムに到着して最初の公式行事が戦没者記念慰霊塔への献花式でした。オランダに限らず、慰霊の儀式は国賓訪問の最初のプログラムに組み込まれるのがふつうです。

戦没者記念慰霊塔は両陛下の宿舎である王宮の、すぐ前の広場にあります。約二五〇〇人の市民が見守るなか、ベアトリックス女王に付き添われた両陛下は慰霊塔の前に立たれました。慰霊塔に一礼し、歩を進められ、花輪を供えられました。そして黙とう。

「長い長い黙とうでした」「1分以上は経っていました」と、そこに居合わせた日本関係者は異口同音に語っています。この模様はオランダ国内にテレビで同時中継されました。

広場は周囲をぐるりと市役所や公会堂などが入ったタウンホールの建物で囲まれていて、もし誰かが窓から反日的な垂れ幕を下げたり、拡声器で妨害したりすればすべてご破算という緊迫した瞬間でした。しかし何ごとも起きず、献花式が終わったとき、厳粛な感動が周りを包みました。ベアトリックス女王の周囲にいた人の話によると、女王はいかに1分間が長く感じられたかを話し、目には涙が光っていたといいます。

女王は長年、両陛下とともに、両国の歴史のトゲをいかにして抜くかに心をくだいてきました。絶対に失敗してはならない両陛下のオランダ訪問で、最大のイベントである慰霊の儀式を無事に終えた安堵感と高揚感だったのでしょう。

その夜、女王主催の歓迎晩餐会が開かれ、子どものときにインドネシアから引き揚げてきた人たちも招かれ、食事前に両陛下と言葉を交わす時間が設けられました。引き揚げ者の女性は目に涙をためながら、皇后と額をくっつけるようにして話していたといいます。

晩餐会を終え、宿舎の王宮に戻った両陛下は、窓からその日の昼間、献花した慰霊塔を目にします。美智子皇后はこの情景を歌に詠んでいます。

慰霊塔は白夜に立てり君が花抗議者の花とともに置かれて

両陛下の献花式が終わったあと、戦争被害者の一群が白い菊を一輪ずつもって行進し、花を慰霊塔の柵の周りに置きました。両陛下が供えた花輪と、戦争被害者の白菊が並んで置かれ、白夜の中に浮かんでいたのです。戦争被害者と日本との「静かなる和解」ともとれる情景で、皇后は歌にすくい取ったのでした。

この両陛下の訪問はオランダにおける日本の印象を大きく変えたと、当時の駐蘭日本大使の池田維氏は語っています。晩餐会での天皇のおことば、オランダの人々との触れ合いなど、滞在中、両国の絆を強めるいろいろなエピソードがありましたが、テレビで全国同時中継された両陛下がこうべを垂れて祈る慰霊が大きな役割を果たしたことは間違いありません。国賓訪問の中で慰霊の儀式がいかに深い意味をもっているかです。慰霊の非対称を日本は解消しなければならないと思います。

第6章
皇室ファミリー

皇室ファミリーの構成

皇室ファミリーは、内廷にある方々と、それ以外の宮家の皇族方で構成されています。

内廷は本来、天皇とその家族のお住まいである御所を指す言葉ですが、狭い意味での「天皇家」ととらえると分かりやすいでしょう。一般の○○家と同じで、両親と子供、祖父母などで構成された家族で、現在の内廷は今上天皇、皇后両陛下、愛子内親王、それに上皇、上皇后両陛下の五人です。天皇の弟の秋篠宮はすでに別世帯（宮家）を設けており内廷には含まれません。

その宮家は、秋篠宮家（五人）、常陸宮《ひたちのみや》家（二人）、三笠宮《みかさのみや》家（四人）、高円宮《たかまどのみや》家（二人）の四宮家で、一三人の皇族で構成されます（212ページ参照）。

つまり皇室ファミリーは、内廷と宮家の皇族合わせて一八人です。男女比でいうと男性五人、女性一三人で、女性が圧倒的に多くなっています。

天皇のお務めは第4章の「天皇のお仕事」で触れましたが、皇族の方もそれぞれにお務めを果たされています。新年祝賀や外国の賓客の歓迎晩餐会や午餐会など、天皇、皇后両陛下と共に出られる儀式・行事は結構あります。また単独で友好親善のために外国を訪問されたり、逆に外国の王族が来日したときは、その国の王族と関係の深い皇族が視察先にご案内したり、同行します。

各種団体・組織の総裁や副総裁なども務められ、表彰式や記念式典などの諸行事には足を運ばれ、その活動に対して励ましやエールを送られ、あいさつをされます。戦災や震災にかかわる追悼式、法要などにも足を運ばれます。

また毎年11月から翌年2月までの冬の間、数回にわたって皇族が千葉県と埼玉県にある宮内庁の鴨場に駐日外国大使夫妻を招いて、伝統のカモ猟を紹介する行事があります。このときは若い皇族が接待役として活躍されます。

2019年12月のときは、秋篠宮家の長女眞子さまと次女佳子さまが参加。17カ国の大使夫妻ら約三〇人を前に、英語を交えてカモ猟を説明されました。猟では、おとりのアヒルを使っておびき寄せた野生のカモ計208羽が捕獲され、その後放鳥されましたが、眞子さまと佳子さまが呼吸を合わせてカモを放すと、参加者から拍手が上がりました。

名誉職を複数兼ねている皇族方ですが、数多くの名誉職を担っているお二人が秋篠宮さまと高円宮妃久子さまです。

秋篠宮さまは山階鳥類研究所総裁、日本動物園水族館協会総裁、日蘭協会名誉総裁など18団体・組織の名誉職を兼ねています。これまで持っていたものに加え、皇嗣として上皇と天皇からも多くを引き継がれました。国際生物学賞授賞式、交通安全国民運動中央大会、日本学術振興会賞・日本学士院学術奨励賞授賞式、地球環境大賞授賞式などです。

高円宮久子さまは2002年に亡くなられた故高円宮さまの遺志を継がれ、スポーツ、文化、環境保護、国際交流など30もの団体・組織の名誉総裁などの名誉職を兼ねられています。そのラインナップの一部です。

日本アマチュアオーケストラ連盟、いけばなインターナショナル、全日本軟式野球連盟、日本フェンシング協会、日本アジア協会、日本・エジプト協会、バードライフ・インターナショナル、国際弓道連盟……。

高円宮久子さまは帰国子女で国際経験豊かで、英語とフランス語が堪能です。ユーモアのセンスもおありで、「ウチの名誉総裁に」という依頼は少なくありません。しかし手一杯というのが実情で、2018年に長女承子《つぐこ》さまが全日本アーチェリー連盟の名誉総裁を、三女の絢子《あやこ》さまが日加協会の名誉総裁を、お母さまから引き継がれました。この二つは、もとは故高円宮さまが務められていました。

このほかの皇族では、常陸宮さまが日本鳥類保護連盟総裁など15団体・組織、三笠宮信子《のぶこ》さまが東京慈恵会総裁など5団体・組織、長女の彬子《あきこ》さまが日本・トルコ協会総裁など8団体・組織の名誉職を務められています。

皇族方が団体・組織の名誉総裁を務められるのは、その分野へのご関心と無縁ではありません。たとえば日本鳥類保護連盟総裁を務められている常陸宮さまはバードウォッチングがお好きです。2000年9月、常陸宮さまと華子さまご夫妻がシンガポールを訪問されたときのエピソードがあります。

両殿下は日本大使公邸に滞在されましたが、ある日、常陸宮さまは30分ほど公邸の庭に出られて、日本大使とバードウォッチングをされました。帰国後しばらくして、宮内庁を通じて常陸宮さまが双眼鏡で見られた鳥の名前の一覧表が大使に送られてきました。

そこには12羽の鳥の名前が、日本語と英語と学名で記されていて、備考欄のコウハショウビン（Stork-billed Kingfisher, Halcyon capensis）とクリチャゲラ（Rufous woodpecker, Celeus brachyurus）のところに「珍しい」と注釈がありました。日本大使は「脱帽する思いでした」と述べています。

皇族の外国訪問

皇族方は外国訪問も結構入ります。ご高齢の方は別にして、国内のお務めの合間をぬってフル稼働という状態です。

秋篠宮家では、天皇即位（２０１９年５月）の翌６月、秋篠宮さまと紀子さまご夫妻がポーランド、フィンランドとの国交樹立１００周年の節目に、両国を国際親善のためにご訪問。８月にはご夫妻は悠仁さまとともにブータンを訪問されました。

秋篠宮皇嗣同妃両殿下、ポーランド御訪問時の様子

悠仁さまは初の外国旅行でした。

長女の眞子《まこ》さまは同年7月、日本人移住120周年でペルーとボリビアに。次女の佳子《かこ》さまは初の外国訪問として9月、日本との友好と外交関係樹立150年を迎えたオーストリアとハンガリーを公式訪問され、両国の大統領を表敬し、在留邦人や留学生とも交流されました。秋篠宮家挙げての友好親善活動です。天皇、皇后両陛下は簡単には外国訪問ができず、その分、皇嗣の秋篠宮とご家族が担うことになったのです。

皇族方は特定の国や地域と絆を維持

し、何かの折にはご招待があり、また相手方が来日したときは、お相手をするということも少なくありません。

例えば高円宮久子さまはスウェーデンと太い関係があります。２０１３年にマデレーン王女の結婚式、２０１５年にはカール・フィリップ王子の結婚式、２０１６年にはカール16世グスタフ国王の70歳を祝う行事に参列するため、それぞれ訪問されました。２０１９年５月にはシルビア王妃の招待を受け、同国で開かれた「認知症フォーラム」にご臨席のため私的に訪れています。

また２０１８年にカール16世グスタフ国王夫妻が公式実務訪問で来日したときは、国内のご訪問に久子さまが同行して、ご案内されました。

秋篠宮家の眞子さまは日系人の多い中南米との繋がりがあります。２０１５年に初の海外公式訪問としてエルサルバドルとホンジュラスを、２０１６年にはパラグアイ政府の招待で、日本人移住80周年記念式典に出席されました。２０１８年にはブラジルを訪問し、日本人移住１１０周年式典にご臨席。そして先に触れたように、元号が変わった２０１９年の７月には日本人移住１２０周年でペルーとボリビアを訪問されました。

今上天皇が中東の国々と関係が深いのは、雅子皇后とのご結婚後、最初にご夫妻でご訪問されたのが中東諸国だったという縁からです。その後、サウジアラビア王室の王族が亡くなると、多くの場合、皇太子だった今上天皇が弔問に訪れています。ヨルダンのフセイン国王の葬儀（1999年）のときは皇太子と雅子さまが参列されました。

20世紀初頭、世界には約100の君主国がありました。これが革命や政変などによって減りつづけ、現在は28カ国になりました。皇室は欧州の王室やタイ王室などと、戦争での中断はあったものの、戦前から交流をつづけてきました。

この交流を特徴づけるものは「家族ぐるみ」であることです。「家族ぐるみ」ということは、世代を超えた行き来があり、その関係が親から子へ、子から孫へと引き継がれていくことになります。一定期間だけ選挙で選ばれ、任期が来ればその地位を去る大統領の共和制の国と違うところです。

今上天皇も英国に留学していた若き日、休暇などを利用して欧州各国を旅行し、王室がある国に立ち寄れば、そこの王族から手厚いもてなしを受けました。これについて皇太子時代に書いた『テムズとともに』の中でこう明かしています。

「（85年に）両親がノルウェーを訪問する際、先方の国王陛下のご配慮でノルウェーのベルゲンで久々に両親と再会し、向こうの皇太子ご夫妻（現国王王妃両殿下）とご一緒に船でフィヨルドを遡上し、船内に一泊したのも忘れられない。ノルウェーの両殿下の温かいもてなしぶりには、私も心の安らぎを覚えたし、ベルギー同様、皇室とノルウェー王室の結びつきの強さに改めて感銘を覚えた」

そしてオランダ、スペイン、ルクセンブルグ、リヒテンシュタインの王室で受けたもてなしに触れたあと、こう書いています。

「ヨーロッパの王族の方々からこのような温かいおもてなしを受けるたびに、私の両親が長年かけて築き上げてきた友情によるものであることを常に認識し、その恩恵を受けている自分が幸せだと思ったし、このような交際を次の世代にも継続していく必要性を強く感じた」

こうした王室との家族ぐるみの交流に、皇族方はさまざまにかかわり、貢献されているのです。

皇室ファミリーは一八人で、男女比は5対13と先に触れました。儀式やお務めで女性皇族が果たしている役割は大変大きいものがあります。上皇は天皇だった2005年の誕生日の記者会見でこう述べています。

「(その役割は) 有形無形に大きいものがあったのではないかと思います」「女性皇族の存在は、実質的な仕事に加え、公的な場においても私的な場においても、その場の空気に優しさと温かさを与え、人々の善意や勇気に働きかけるという、非常に良い要素を含んでいると感じています」

女性皇族の結婚問題

女性皇族にからみ秋篠宮家の第一子内親王、眞子さまの結婚問題に触れておきましょう。結婚はあくまで当事者同士の事柄ですが、バッシングを含めたメディアの過剰な報道は、目まぐるしく変わる時代の潮流のなかで、皇室をどうとらえていったらいいのかを考えさせる契機になりました。

眞子さまは小室圭さんと国際基督教大学で出会われ、お二人は2017年9月、婚約内定会見をされました。しかしこの年の12月、小室さんの母親が元婚約者の間で金銭トラブルを抱えているとの週刊誌報道をきっかけに祝福ムードは一変。小室さんと、それでも結婚を望む眞子さまに厳しい報道がつづいてきました。

小室圭さんは2018年、ニューヨークにあるフォーダム大学に留学。2021年5月に卒業しましたが、在学中、論文が2回、ニューヨーク州弁護士会発行の専門誌に掲載されるなど実績を積み重ねてきました。卒業後は司法試験を受験し、弁護士資格の取得を目指すとみられます。

沈黙を守っていた小室さんは卒業直前の4月、文書を公表し、元婚約者側に解決金を払ってトラブルを解決する意思を明らかにしました。秋篠宮さまが前年11月の会見で、「(小室さんが) 問題をクリア (するために) 相応の対応をする必要がある」と述べたことに対してとったものでした。この会見で秋篠宮さまは「結婚は両性の合意のみに基づいて成立する」との憲法 (第24条) を挙げて、「結婚を認める」

とも話されていました。

この小室さんが公表した文書に対しては、予想通りここぞとばかり厳しい批判が起きました。しかし私は二人を静かに見守り、金銭問題を解決して結婚されればいいと思っています。

二人の問題はいうならば自由恋愛の問題であって、世間ではふつうに起きていることです。金銭問題が解決すれば、結婚をとやかく言う理由はありません。

皇室が時代の、そして我々の写し絵であるならば、「皇室だけは別」とはいかない時代にあります。それでなくても「開かれた皇室」「国民とともに歩む皇室」をメディア、世論は求めてきました。我々は皇室に対して過度に潔癖さを求めるのでなく、もう少し寛容で、柔軟であるべきではないでしょうか。そうでなければ皇室の将来はおぼつかないと思います。

悠仁さまと結婚して皇室に入りたいと思う女性はますますいなくなるでしょう。女性皇族との結婚も、相手方男性にすればメディアの厳しい目にさらされ、些細なことも針小棒大に取り上げられると思うと、二の足を踏みます。皇室が存続していくためには、メディアを含めた世論の側も変わっていかなければならないのです。

皇室のお財布事情

さて皇室はどのように財政をやりくりしているのでしょうか。

宮内庁関係の予算は大きく皇室費と宮内庁費に分かれています。このうち天皇家と宮家に直接関係する予算が皇室費で、２０２１年度は１２４億２１４７万円でした。一方の宮内庁費は宮内庁の運営のために必要な人件費・事務費で同年度は１２５億８９４９万円です。

ここでは皇室にかかわる皇室費を見ていきますが、これは内廷費、皇族費、宮廷費の３つに分かれています。

・内廷費

まず内廷費は、内廷にある方々、つまり天皇家五人の日常の費用のために支給されます。金額は法律によって定められていて、2021年度は3億2400万円です。この額は1996年から変わっていません。

内廷費はお手元金といわれる私費で、天皇家の方々の間でどのように分けられているかは発表されていません。使い道は、以前に明らかにされた資料によると、人件費（33％）がトップで、衣類など身の回りのもの（18％）、食費など（13％）、医療その他（12％）、交際費・災害見舞金（10％）などとなっています。私的に雇われている人たちの人件費が3分の1とかなりの部分を占めているのが目につきます。

今上天皇ご一家をお世話する侍従職は約七〇人おり、ほとんどは国家公務員で、給与は国から支払われています。しかしこれとは別に私的に雇われている人たちがいます。人件費はこれらの人の給与で、代表的なのは宮中祭祀を担う掌典《しょうてん》職（男性）と内掌典職（女性）です。いわゆる神職のことです。神事に公費を充てると憲法の政教分離規定に抵触するため、私的に雇用しています。祭祀の備品なども内廷費からの支出となります。

また上皇さまがハゼの研究をされる皇居内の生物学御研究所や、養蚕を行っている御養蚕所も私的行為と位置づけられ、ここの職員も私費で雇われています。

食費は日常の食費だけでなく、お住まいの御所にお客さまを招かれた際の食事なども、両陛下の個人的な接遇として内廷費から出されます（ケースによっては公的性格があるとして宮廷費から賄われることもあります）。また身の回り品の購入、日本赤十字社など社会事業への奨励金、大規模災害時の都道府県への見舞金、ご静養や私的旅行の経費などもこの内廷費から払われます。

２０１８年に上皇、上皇后である明仁天皇と美智子皇后が全国植樹祭で福島県を訪問された際、相馬市内の魚の卸売市場に立ち寄られ、カレイやホッキ貝などを買われました。お二人は原発事故の風評被害に心を痛められており、これもプライベートな内廷費から支払われました。ちなみに内廷費には所得税と住民税はかかりません。

・皇族費

皇族費は宮家に支給されるプライベートなお金です。皇族としての品位保持のためとの名目で、皇族個々人に支給されます。法律で定額が定められており、2021年度は当主が3050万円、妃殿下はその半額です。

秋篠宮家で見ますと、秋篠宮さまは2020年11月8日、皇位継承順位1位の皇《こう》嗣《し》となられたことにより、皇族費は定額（3050万円）の3倍の9150万円と決められました。これに紀子さま（定額の2分の1）、眞子さま（定額の10分の3）、佳子さま（同）、悠仁さま（定額の10分の1）にそれぞれ支給されるため、秋篠宮家には約1億2810万円が充てられます。

他の宮家では、常陸宮家が二人で4575万円、三笠宮家が四人で5856万円、高円宮家が二人で3690万円となっています。宮家が受け取る皇族費は各宮家の家族構成によって決まるわけで、家族構成に関係なくグロスで3億2400万円と決まっている内廷費との違いです。皇族費の合計は2021年度は2億6932万円となります。

内廷費と皇族費の定額の変更は、首相や衆参両院議長、財務相らがメンバーとなる皇室経済会議で審議されます。なおこの会議では、宮家創設や、女性皇族が結婚することで皇籍離脱する際の一時金の額も決めます。

2018年に高円宮家の三女である守谷絢子《あやこ》さんがご結婚された際には1億675万円、上皇ご夫妻の長女、黒田清子《さやこ》さんのご結婚（2005年）では1億5250万円が支給されています。ちなみに1966年に三笠宮家の長女、近衛甯子《このえやすこ》さんがご結婚した際の一時金は2743万5000円でした。そのときの物価水準が反映するのは当然ですが、内廷にある皇族か、宮家の皇族か、なども考慮して決められます。

・宮廷費

さて三つ目の宮廷費は宮内庁が経理する公金で、2021年度は118億2816万円でした。その主要な内訳は、儀典関係費（9億7500万円）、宮殿等管理費（11億4800万円）、皇室用財産修繕費（15億5100万円）、皇居等施設整備費（38億6200万円）などです。

儀典関係費は両陛下に関連する儀式や、国賓の来日（年2回を想定）や、その他の賓客の接遇、また天皇、皇后両陛下や皇族の外国ご訪問、地方へのご旅行などに支出されます。とくに国賓の場合は、日本側の招待となるため、迎賓館での滞在費用や晩餐会、移動費用などかなりの額になります

しかし2021年度の儀典関係費は前年度（13億1100万円）と比べて3億4000万円近く減っています。これは新型コロナ感染問題で、来日する外国の賓客の激減や、皇族方が外国をご訪問する機会もほとんどないことを見越してのことだと思われます。新型コロナ問題で春から自粛がつづいた2020年度も儀典関係費は消化しきれなかったでしょう。

宮殿等管理費は皇居宮殿をはじめとした施設の維持管理で、新浜鴨場や埼玉鴨場、御料牧場なども入ります。また天皇陵など全国に散らばる陵墓は460カ所に上り、一〇〇人を超える陵墓守の費用もここから出ます。

皇室用財産修繕費は国が皇室の用に供している財産の修繕費です。皇居の土地（115万平方メートル）をはじめ宮殿、御所などの建物、さらには那須や葉山、須崎などの御用邸、御料牧場、鴨場、さらには京都御所、桂離宮、修学院離宮、正

倉院などは国有財産で、いうならば皇室が借りているものなのです。その修繕は宮廷費で行われています。

宮廷費で賄われている大嘗祭

こう見てくると、内廷費と皇族費はいうならば天皇家と皇族のプライベートなおカネ、宮廷費は公的なものに支出するおカネといえます。ただ支出目的によっては内廷費で出すのか、宮廷費で出すのか意見が分かれることがあります。これが世論を巻き込んで顕在化したのが1990年と2019年の即位の礼の後にもたれた「大嘗祭《だいじょうさい》」でした。

天皇は毎年11月、その年に収穫されたコメなどの穀物を皇祖神などに供え、国の安寧と五穀豊穣を祈る宮中祭祀「新嘗祭《にいなめさい》」を執り行っています。これは神道形式で行われます。新嘗祭のうち天皇が即位して最初に行われる「新嘗祭」を「大嘗祭」と称し、7世紀後半に整備されたといわれます。

大嘗祭の中心的な儀式「大嘗宮の儀」の様子

「天皇のお仕事」の章で、毎年の「新嘗祭」の費用は内廷費から支出されているのに、「大嘗祭」は宮廷費で賄われていると述べました。どういう理屈なのでしょう。

明仁天皇の「即位の礼」（1990年11月12日）を、政府は国事行為にあたるとして総理府予算を充てました。これにつづく10日後の大嘗祭は総理府予算でなく、宮廷費で賄いました。即位の礼は総理府予算、大嘗祭は宮廷費と分けたところに政府の苦心がありました。

政府の見解は「大嘗祭は宗教上の性格を有することは否定できず、国事行為にはできない。しかし『一世一度の重要な皇位継承儀式』として公的性格を認め、宮廷費からの支出は政教分離原則に反しない」というものでした。

つまり「新嘗祭」は私的な皇室行事ですが、「大嘗祭」は歴史的にみて即位の礼と一体のもので公的性格もあることから、皇室の公的な経費である宮廷費を充てるという理由でした。宮廷費は公費ながら、あくまで皇室の枠組み内の予算で、即位の礼のように国費そのものである総理府予算は充ててはいない、との理屈です。

これに対して1990年はキリスト教団体や労働組合などから懸念表明が出され、憲法が定める政教分離の原則に違反するとして多くの訴訟が起こされました。しかしいずれも最高裁で「政教分離の原則に反しない」と却下されました。

政府は2019年の「大嘗祭」も前例を踏襲し、宮廷費から支出することを決めました。これより前の2018年11月、秋篠宮さまは53歳の誕生日を前にした記者会見で、「(大嘗祭は)皇室の行事として行われるもので、宗教色が強い。それを国費で賄うことが適当かどうか」「宗教行事と憲法との関係はどうなのかというときに、やはり内廷会計(内廷費)で行うべきだと思っている」と述べられました。

ただ皇嗣となられた1年後の2019年11月の会見では、「昨年と気持ちは変わらない」と述べられましたが、抑制的でした。皇嗣という責任ある立場になられたことが関係しているのではとみられています。

「大嘗祭」を予算上、どう仕分けるかは政治もからんで難しいものがあります。ただ皇室の祭祀を研究しているリベラルな学者の中にも「歴史的にも大嘗祭は即位と一体となった儀式で、宮廷費から支出されるのは妥当だと思う」という意見があります。2019年11月14日に行われた「大嘗祭」は、24億4300万円が宮廷費から支出されました。経費抑制に努め、1990年の「大嘗祭」より2億円強の増加にとどまりました。

第7章

皇位継承問題

危ぶまれる皇位の安定継承

象徴天皇制の危機を最も鋭く示しているのが皇位継承問題で、それは「天皇の地位を継ぐ者が途絶える」という一点に集約できます。このままでは皇室の存続が危うくなるという認識は皇室に関心を持つ人の間では以前からありました。しかし一方で、「何とかなるだろう」「誰かが何とかするだろう」という根拠のない楽観的な見方もあって、先延ばししてきたのが実情です。

しかし明仁天皇の退位に伴う徳仁天皇の即位と、これに伴い秋篠宮文仁さまが皇位継承順位第1位の皇嗣になられたことで、この問題が悠長な取り組みを許さないものであることが切迫感をもって示されたのです。

「皇位は、皇統に属する男系の男子たる皇族が、これを継承する」（憲法第2条、皇室典範第1条・2条）との規定に沿えば、皇位継承者第1位の秋篠宮さまにつづく2位が秋篠宮悠仁《ひさひと》さま、第3位が常陸宮正仁さまとなり、そのあとは誰もいません。

加えて「内廷にある皇族」（狭い意味での天皇家、独立した宮家を持たない皇族）に、皇位継承権を持つ人が一人も存在しない状態となったのです。現在の皇室典範が施行（１９４７年５月）されて以降、初めてのことです。明治天皇、大正天皇、昭和天皇、明仁天皇は、いずれも自分の後継者が子どもにいましたが、徳仁天皇になって自分の子どもの後継者がいなくなったのです。

しかも秋篠宮さまは１９６５年生まれ、常陸宮さまは１９３５年生まれ。万が一、２００６年生まれの悠仁さまに何か不測の事態が起こって皇位継承ができなくなると、現在の仕組みを維持している限り、天皇制は自然消滅することになります。

また悠仁さまが皇位を継承したとしても、象徴天皇制を長期にわたって悠仁さまお一人の肩に担っていただくことには無理があります。男子が生まれる保証もなく、「男子が生まれることに期待しよう」という偶然性に天皇制を委ねるわけにはいきません。

皇位継承には皇室典範の規定から三つの条件があります。

1　皇位継承の範囲は、皇統に属する直系男子に限定する
2　皇族は、養子を迎えることはできない
3　皇族女子は、皇族以外の者との婚姻によって皇族の身分を離れる（第12条）

こうした制約の下で、皇位の安定継承が危ぶまれるようになった背景は大きく二つあります。

一つは側室制度が昭和天皇のときに廃止されたことです。江戸時代から数えて一九人の天皇が即位していますが、婚姻関係にある夫婦から生まれた嫡出子が天皇になったのは四人に過ぎず、そのうち一人は女性の明正《めいしょう》天皇（第109代、在位1629〜1643年）でした。つまりあとの一五人は側室から生まれたのです。側室制度はある意味、直系男子の天皇制を維持する仕組みでもあったわけですが、昭和天皇の時代に側室制度が廃止されました。今日、この復活はあり得ません。

二つ目の背景は、近年の晩婚化と少子化です。かつて男子皇族の多くは20代半ばで結婚しました。しかし晩婚化の波は皇室も無縁でなく、加えて古いしきたりと伝

統を守る皇室に入ることをためらう若い女性が増えているのも現実です。ちなみに上皇が結婚されたのは25歳、美智子上皇后は24歳でした。徳仁天皇が結婚されたときは33歳、雅子さまは29歳です。秋篠宮は24歳、紀子さまは23歳でした。

女性皇族の場合も、戦後でみると以前は20代前半で皇籍を離脱し、結婚していました。上皇の姉の池田厚子《いけだあつこ》さまは1952年に21歳で、上皇の妹の島津貴子《しまづたかこ》さまは1960年にやはり21歳で結婚されています。

その後、三笠宮の第二女子、千容子《せんまさこ》さまは1983年に31歳で、上皇の第一女子の黒田清子《くろださやこ》さまは2005年に36歳でした。また高円宮家の第二女子の千家典子《せんげのりこ》さまは2014年に26歳で、高円宮家第三女の守谷絢子《もりやあやこ》さまは28歳（2018年）で結婚されています。これを見ても、晩婚化が見て取れます。

また少子化は皇室活動、とくに国際親善活動の制約要因になっています。現在の皇室の構成は天皇を中心に一八人。このうち女性皇族は一三人です。外国訪問ができる男性皇族が事実上、皇嗣の秋篠宮さまだけになっている現在、女性皇族にも外国訪問など友好親善に努めていただかなければならないケースが増えています。しかし一三人の女性皇族のうち30代以下の未婚の女性は六人と、適齢期の独身です。ご結婚でこれ以上減ると、皇室活動にも支障が出るのは明らかです。

皇室典範に関する有識者会議の開催

皇位継承問題に重い腰を上げたのが小泉純一郎首相でした。2004年12月、皇位継承やそれに関連する制度について検討するため、私的諮問機関「皇室典範に関する有識者会議」を設置することを決め、翌2005年1月、第1回会合が開催されました。

メンバーは吉川弘之（座長　元東京大学総長）、園部逸夫（座長代理　元最高裁判事）、緒方貞子（国際協力機構理事長）、奥田碩（日本経済団体連合会会長）、古川貞二郎（元内閣官房副長官）ら各界の有識者一〇人が選ばれました。

有識者会議がメンバーの間で最初に確認したことがあります。それは、①日本国憲法下での皇位の安定継承について検討し、憲法に及ぶ議論には踏み込まない、②

皇位安定継承の議論は、昨今の男女共同参画の議論の潮流や、ヨーロッパ王室の流れに合わせたものではなく、あくまで皇位の安定継承を維持するためのもの――の2点でした。

①は当然として、②は興味深い確認です。昨今の女性の社会進出、女性の王位継承などの時流とは関係なく、日本固有の伝統文化に基づいたところで皇位継承について議論していくというのです。「時流に迎合して女性宮家を容認するのだろう」という右派や保守層からの批判に予防線を張ったのでしょう。

実は欧州の王室も時代に合わせて王位継承制度に手を加えてきました。

今日、欧州7カ国が王室を取り入れている立憲君主国です。このうちスウェーデン、ノルウェー、ベルギー、オランダの4カ国は、以前は男子のみ、もしくは男子優先だった王位継承を、長子優先に法改正しました。最初に生まれた子どもが、男子であろうと、女子であろうと、王位継承者とすることになりました。法改正の年代は1970年代から1990年代までまちまちです。

英国王室は「兄弟姉妹では男子優先」で一貫しています。デンマークは1953

年に、それまで男子のみだったのを、法改正で英国と同様にしました。スペインは１９７５年に王制が復活し、１９７８年制定の憲法で英国に準じた王位継承方式を取り入れました。

有識者会議は皇室関係の学者、専門家にも意見を述べてもらうため2回、ヒヤリングの機会を設け、八人が招かれました。２００５年11月の第17回会合で、有識者会議は報告書をとりまとめました。その内容のポイントは2点です。

1　皇位継承順位は男女に限らず天皇直系の長子（第一子）を優先する
2　女性皇族は結婚後も皇室にとどまり宮家を創設する

長子優先はスウェーデン、ベルギーなどの王室と同じで、女性天皇と共に女系天皇を認めるところが重要なポイントとなります。

女性天皇は文字通り皇位に就いた女性の天皇を指します。女系天皇とは「女性の血筋」を受け継いだ天皇のことで、女性天皇が皇族の血筋を引かない男性と結婚し、その子供が皇位を継承すると女系天皇になります。男系の血筋は崩れることになるため、右派、保守層に拒否感を示す人が少なくありません。

女性天皇は日本の歴史上、八人10代います。八人のうち二人は重祚《ちょうそ》、つまり一度天皇を退位したあと、再び天皇に就きました。飛鳥・奈良時代とほぼ重なる6世紀から8世紀にかけて六人8代、江戸時代の17世紀から18世紀にかけて二人2代います。それが次です。

〈6世紀〜8世紀〉

1　推古天皇（第33代、在位592〜628年）
2　皇極《こうぎょく》天皇（第35代、在位642〜645年）
3　斉明《さいめい》天皇（第37代、在位655〜661年）＝皇極天皇が重祚
4　持統天皇（第41代、在位690〜697年）
5　元明天皇（第43代、在位707〜715年）

6　元正《げんしょう》天皇（第44代、在位715～724年）
7　孝謙天皇（第46代、在位749～758年）
8　称徳天皇（第48代、在位764～770年）＝孝謙天皇が重祚〈17世紀～18世紀〉
9　明正天皇（第109代、在位1629～1643年）
10　後桜町《ごさくらまち》天皇（第117代、在位1762～1770年）

八人いる女性天皇で、母から娘へ皇位継承が行われたケースが一例あります。元明天皇からその娘の元正天皇ですが、元明天皇が草壁皇子（天武天皇の息子）と結ばれて生まれた娘が元正天皇であり、男系の血筋は守られています。というわけで歴史上、女性天皇はいますが女系天皇は例がありません。ですから右派は「皇室の伝統に反する」との理由で、女性天皇を認めても女系天皇は認められない、と主張します。

皇族の減少で細る皇室と国民の絆

小泉首相は有識者会議の報告書に基づき、2006年1月、施政方針演説で皇室典範改正案を国会に提出する方針であると表明する意向を事前に示し、記者団との懇談でも「（有識者会議の結論に）理解は得られると思う」と語っていました。

しかしこの流れが突然、途切れます。翌2月、秋篠宮妃の紀子さまのご懐妊が発表されたのです。このため政府は皇室典範の改正案の国会提出を見送ることを決めました。同年9月6日、紀子さまは第三子となる男子を出産され、「悠仁《ひさひと》」と命名されました。皇室での男子誕生は秋篠宮さま以来41年ぶりで、この時点での皇位継承順位は徳仁皇太子さま、秋篠宮さまに次ぐ第3位となりました。

しかし一時的に安堵感は広がったものの、再び皇位継承問題が差し迫ったものとして認識されたのが徳仁天皇の即位でした。これより前の2017年6月、明仁天皇の退位等に関する「皇室典範特例法」が衆参両院本会議で可決・成立しました。法案採決にあたっては「政府は女性宮家の創設など安定的な皇位継承のための諸課題について、皇族減少の事情も踏まえて検討を行い、速やかに国会に報告する」という附帯決議がなされました。

それから約4年たった2021年3月23日、菅義偉首相が設置を決めた、安定的な皇位継承のあり方を検討する有識者会議の初会合が開かれました。冒頭、菅首相は「皇室典範特例法の附帯決議に示された課題について、国会に報告するように求められています。十分に議論し、さまざまな考え方をわかりやすい形で整理していただきたい」と述べました。

会議には清家《せいけ》篤《あつし》（前慶應義塾長）、大橋真由美（上智大教授）、細谷雄一（慶大教授）、宮崎緑（千葉商科大教授）ら男女三人ずつ計六人が参加。清家氏が座長に就任しました。本著を執筆している6月末時点ではまだ報告書はまとまっておらず、読者の参考までに主たる論点を挙げるのにとどめます。

皇位の安定的な継承のための具体策として、大きくは二つあります。

A案　皇位継承者の範囲を女性や女系まで広げ、女性宮家を創設する

B案　1947年に皇室を離れた旧宮家から男子（直系）を皇族に復帰させるか養子に迎える

A案は、小泉政権時代の有識者会議の報告書に沿った考えです。これに危機感をもった右派、保守派から出てきたのがB案で、旧皇族の復活論でした。

いずれも課題があります。A案は直系男子の伝統から離れることで、皇配（女性天皇の配偶者）の地位・称号の問題もあります。また女性宮家をそのまま認めていくと、戦前のように皇室の規模が膨れ上がっていきます。皇室の適正規模をどうするかともかかわりますが、宮家創設の対象となる女性皇族の範囲をどこまでとし、また一代限りとすべきかも検討する必要があります。

もう一つ、人権のからみの課題もあります。結婚したら皇室を離れることを前提に育ってこられた女性皇族が、法律が変わったからと、急に皇室に残って宮家を創設するように言われることになります。またもし皇籍保持・離脱についてご本人の意思を尊重するとした場合、皇籍保持を選択する女性皇族がいないという事態になることも考えられます。

一方、B案の大きな問題は旧宮家が皇籍を離れて70年以上も経っていることです。70年以上も前に皇族を離脱した家系の男子を再び皇族とした上で、本人、もしくはその子供を天皇として国民が受け入れられるのかという問題があります。加えて旧宮家は現天皇の系統とは約600年も前に枝分かれしています。

旧宮家が皇籍を離脱したのは1947年です。敗戦という状況のなかで、現実的に皇室を維持できなくなったことがありました。連合国軍最高司令官総司令部（GHQ）から皇室財産を国庫に帰属させるよう指令があり、宮家を財政的に維持するのは困難になっていました。この結果、内廷の皇族と、昭和天皇の弟である3直宮家（秩父宮・高松宮・三笠宮）だけを皇族として残して、11宮家の五一人（男性二六人、女性二五人）が皇族を離れ、一般民間人となりました。

象徴天皇制は国民の信頼が基礎となります。女性の社会進出がふつうのことになり、女性にもっと活躍してもらおうという流れが強まっています。また世論調査で約8割の人が女性天皇を容認しているなかにあって、保守派がこだわる「男系男子」で国民の合意が形成されるのは難しいといわざるを得ません。

エリザベス女王の夫君のエジンバラ公フィリップ殿下が2021年4月9日、逝去されましたが、同殿下はこういう言葉を残したといいます。

「欧州の君主制の多くが、その最も中核に位置する、熱心な支持者たちによって滅ぼされたのである。彼らは最も反動的な人々であり、何の改革や変革も行わずに、ただただ体制を維持しようとする連中だった」

ギリシャ王族の一員で、生後1歳半で軍部のクーデタによって家族とともに亡命を余儀なくされた同殿下が、成長する中で身をもって感じとったことなのでしょう。日本にとっても無縁の話ではないと思います。

一方、皇位継承や女性宮家創設問題とは切り離して、結婚によって皇籍を離脱して民間人となられた女性元皇族に、社会福祉や国際親善といった分野で、皇室としての公務を引き受けてもらえないかとの考えもあります。これは皇族の減少によって皇室の国内外での活動が制約され、その結果、皇室と国民をつないでいる絆が細くなり、皇室の存在自体が危ぶまれることになることへの危機意識があります。

もっとも解決しなければならない課題もあります。公務に従事される間は、例えば特別公務員とするとしても、肩書をどうするか、また人的・経済的支援措置も考えなくてはなりません。皇族経験者の公的な活動が、国内外でどこまで積極的に評価されるかについても検討の必要があります。

右派、保守派には、この措置は女性宮家の一歩になりかねないとの警戒があります。有識者会議が皇位の安定的な継承のためにどのような報告書を出すか分かりませんが、女性元皇族に公務を引き受けてもらう点を書き入れる可能性もあります。

第8章　天皇3代と世界

昭和天皇の外国体験

天皇家の長い歴史にあって、若き日に外国体験を持った天皇は昭和天皇、上皇、今上天皇です。その体験はそれぞれに大きな影響を与えています。

2021年は昭和天皇が裕仁皇太子として欧州を歴訪して100年です。幕末から明治初期にかけた時期を除くと、皇室と国際社会の本格的な交流・交際はこの裕仁皇太子の欧州歴訪から始まったと言っていいでしょう。

日本は第一次世界大戦で戦勝国となり、世界の列強に肩を並べます。裕仁皇太子の欧州訪問の計画が明らかになると、欧州各国から訪問要請がきます。最終的に英国、フランス、ベルギー、オランダ、イタリア、バチカンの6カ国を訪れることになりました。

3月に横浜を御召艦「香取《かとり》」で出航し、9月に帰着するまで6カ月。このうち往復だけに4カ月を要した時代ですから、2カ月で6カ国を回りました。

最初の英国は5月9日から22日間、滞在しました。バッキンガム宮殿における国王ジョージ5世主催の晩餐会などの公的スケジュールとは別に、国王はファミリーの一員として皇太子を迎え入れ、立憲君主のあり方などについてさまざまな示唆を与えました。

後に昭和天皇はこの時のことを振り返り「英国の王室は私の第2の家庭だ。ジョージ5世陛下の慈父のような温かいもてなしの数々は終生忘れることができない」と述べられています。

皇太子の英国での体験はその後の皇室のありように大きな影響を与えました。皇太子は帰国後、和装から洋装に切り替え、朝食もハムエッグにトーストといった英国流の生活を取り入れました。またそれまで皇室には皇統維持のため側室制度がありましたが、皇太子は昭和天皇になってからも一夫一婦制を堅持しました。質実な英王室を身近に見たことが大きかったことは論を待ちません。

ただ英国の影響の大きさは間違いないとして、フランスで受けた影響についても触れなければなりません。滞在日数でいうと、英国より次のフランスの方が長いのです。英国は5月9日から同30日まで22日間、フランスは5月30日から6月10日まで滞在した後、オランダ、ベルギーを訪問。6月20日に再びフランスに戻り、7月9日まで留まりました。合わせて32日です。

フランスが長くなった最大の理由は第一次大戦の激戦地の視察でした。将来、天皇として軍の最高指揮権を持つだけに、戦争の実態に触れ、いろいろ学ぶことが必須だったのです。

戦場視察は2回目のフランス滞在中に集中して行われました。皇太子一行はまず6月22日から25日にかけて、鉄道と車を使ってドイツ国境に近いストラスブール、メッツなどの東部戦線、そして第一次大戦最大の激戦地だったベルダンを回りました。

フランス側はこの視察に大戦の英雄ペタン元帥を案内役につけています。次の天皇である皇太子の訪仏を重視していた表れです。ベルダンでは1916年2月から6月末までの激戦で、フランス軍約三一万人、ドイツ軍約二八万人の死傷者を出しました。皇太子はペタン将軍の説明に聞き入り、戦場を回り、ドイツ軍陣地にまで足を運びました。

当時、まだ不発弾処理が行われ、時折、爆発音が鳴り響いていました。「そこに不発弾があります」「そこは鉄条網ですから気を付けて」と、皇太子はたびたび注意されています。掘り起こした兵士の遺体を荷台に乗せて運ぶ馬車にも幾度となく遭遇しました。敵、味方の分からない土まんじゅうの墓が累々と続き、皇太子は何度も「実に悲惨の極みである」と吐露しています。

6月29日、皇太子一行は日帰りで北部戦線ソンムを視察しました。1916年6月から11月までの激戦で、英仏連合軍は約六五万人、ドイツ軍約四五万人の死傷者を出しました。英国は初めてここで戦車を使用しています。

7月3日には3度目の戦場視察に出かけました。東部戦線ランス方面の数カ所の激戦地を精力的に回りました。歴史的なランス大聖堂は見る影もなく破壊され、近くの激戦地では戦死者の遺体の収容がやっと終わったところでした。ここでは米軍が参戦し、米兵の墓標に星条旗がつけられていました。皇太子一行がパリに戻ったのは夜遅くでした。

随行員で宮内省供奉《くぶ》長の珍田捨巳《ちんだすてみ》はベルダン視察の後、内田康哉外相への電報で

「殿下におかれても深く御印象を得られたるように拝察せられたり」と送っています。やはり同行した東宮武官長の奈良武次は「得るところ多大にあらせられ非常に御満足なりしよう拝察したり」と書き残しています。一様に皇太子の戦場視察に確かな学習の手ごたえを感じたのです。

皇太子はフランス滞在の合間に訪問したベルギーでも激戦地イーペルを視察しています。初めて毒ガス（化学兵器）がドイツ軍によって使用された場所でした。説明役のベルギー陸軍少将は、自分の息子が戦死した場所に近いこともあって、説明の途中から涙声になり、それを見た皇太子も涙ぐんで「戦争とは実にひどいものだ」と述べたといいます。

後に昭和天皇は明仁皇太子に、この一連の戦場視察を「悲惨な光景だった」と語っています。英王族との楽しい交流とは対照的に、欧州大陸では戦場の悲惨さが深く心に焼き付けられたのでした。

皇太子は9月3日に横浜港に帰着しますが、体調のすぐれない大正天皇に代わって、休む間もなく軍縮と安全保障の課題に直面します。一つは、1902年に締結された日英同盟がすでに風前のともしびだったことです。

第一次大戦後の日本の台頭は日米関係を緊張させ、日本の対米参戦に巻き込まれたくない英国は、同盟に対する熱意を失っていました。日英同盟は第三国の攻撃に対して、日英の参戦義務を規定していたからです。

もう一つは米国によるワシントン軍縮会議の提起でした。第一次大戦後、国力を消耗しなかった日本と米国は建艦競争を展開。しかし世論の強い反発を受けた米国は、軍備の制限と極東問題の討議を呼び掛けるに至ります。皇太子が欧州からの帰途にあった8月、日米英仏伊の戦勝5カ国はこれを受諾しました。

10月11日、大正天皇は自分は出られないものの、軍縮会議に出席する全権委員と随員の約五〇人の壮途を祝うため、主人役を閑院宮載仁親王《かんいんのみやことひとしんのう》に依頼して、皇居・宮殿の「豊明殿」で午餐会を催しました。原敬首相、内田外相らも出席しました（ちなみに原首相は24日後に東京駅で暗殺されます）。

この翌12日には裕仁皇太子が高輪の東宮御所に全権委員と随員を招いてやはり午餐会を主催しました。天皇、皇太子と連日の午餐会は、いかに日本がこの軍縮会議を重要視していたかがうかがえます。

皇太子主催の午餐会でどういう話が出たか不明ですが、皇太子は約40日前に欧州から帰国したばかり。戦場視察の話が出たとしても不思議ではありません。東宮御所に会した一同の中で、最も戦争の悲惨さと平和の尊さを肌で感じていたのは皇太子であったことは間違いありません。11月25日、皇太子は病状が悪化した大正天皇の摂政に就きました。

ワシントン軍縮会議は11月11日から翌1922年2月6日まで開かれ、戦艦等の建造に制限を加えることで合意します。合わせて、太平洋の平和維持を目的とする四カ国条約（日英米仏）が締結され、日英同盟は役割を終えたとして破棄されることになりました。軍縮会議は結果的に米外交の勝利を意味しました。

日英同盟の延長を強く期待していた日本ははしごを外され、孤立への道へ歩み出します。その重荷は若い摂政の肩に重くのしかかってくることになります。1921年の欧州歴訪は皇室と欧州の交流・交際を実現する一方で、日本が孤立への道に踏み出していく節目でもありました。

明仁天皇の外国体験

上皇は明仁皇太子だった1953年、エリザベス英女王の戴冠式にご出席になり、その機会に米国、カナダ、欧州各国を半年以上にわたって歴訪しました。敗戦から8年、日本がサンフランシスコ平和条約で独立して1年半。国際社会での日本の印象は決していいものではありませんでした。出発2カ月前にもたれた新春恒例の歌会始で、皇太子はこう詠んでいます。

荒潮のうなばらこえて船出せむ広く見まはらむ外国《とつくに》の様

当時19歳の皇太子の武者震いが伝わってきます。

ただ皇太子個人の体験を離れてもこの訪問が重要だったのは、天皇と皇族方が外国訪問をする際の戦後の枠組みがこのときに決まったことです。随員の任命や人数、随行団の構成とその決定、経費の支出、訪問先での要人との会見設定など、その後の天皇や皇族方が外国に行かれる際の前例となりました。

現在も天皇の外国訪問にあたっては、訪問国のメディアに対する事前の根回しが、日本大使、もしくは公使レベルで行われますが、これも1953年からのことです。

また皇太子の外遊の法的根拠をどこに求めるかについてもこのとき決まりました。新憲法が定める国事行為には外国訪問に関する規定がなく、そこで出てきたのが「公事」という考えでした。国事そのものではありませんが、国事に近いものととらえられました。これがのちの天皇の「公的行為」という考えに集約されていきます。

別の章でも触れましたが、天皇の行為には、①国家機関としての国事行為、②象徴としての地位を反映する公的行為、③その他の行為（私的行為）、の3つがあります。

このうち公的行為は一つの基準で縛れませんから、憲法に反しない限りでという範囲で、内閣の責任の下、さまざまなことができるようになります。植樹祭や国民体育大会などの式典への出席、被災地のお見舞い……。

また公的行為という枠組みができたことによって、（誤解を恐れずに言えば）皇室を外交に「使う」ことができるようになりました。これによって皇室が外交資産としての価値と役割を高めたのは間違いないでしょう。外交に携わる人が「皇室は日本にとって最高の外交資産」と言うのは故あることです。

さて明仁皇太子は3月30日、横浜港から米客船に乗り込み、ハワイを経てサンフランシスコに上陸。飛行機でカナダへ飛び、太平洋岸のバンクーバーから列車で9日間かけて大陸を横断しました。

大陸横断列車の停車駅には、凍てつくような寒さのなか、日系人の家族たちが待ち受けました。大戦中、カナダは二万一〇〇〇人の日系人を敵性外国人として収容所に抑留。土地、家屋、財産一切を没収しました。戦後になっても差別など苦難のなかにあった日系人にとって、皇太子のカナダ訪問はこの上なく勇気づけられることでした。

列車が停車すると皇太子は早朝、深夜を問わず、列車からホームに降り、あいさつをされました。ある駅では君が代斉唱が4回も繰り返され、その間皇太子は身じろぎもせず直立していたといいます。このカナダの旅は皇太子の記憶に深く刻まれました。

この56年後の２００９年、明仁天皇は美智子皇后と国賓でカナダを訪問されました。首都オタワでもたれたジャン総督の歓迎晩餐会で、天皇はこう答礼のおことばを述べられています。

「貴国訪問は19歳の私にとって心に残るものであり…各地で、そして厳しい寒さのなか、列車が停車する駅で、日系の人々が心を込めて迎えてくれたことは忘れ得ぬことであります」

皇太子が大西洋を客船で渡り、英国に上陸したのは4月下旬でしたが、迎える英国の雰囲気は決して温かいものではありませんでした。戦争の記憶はまだ生々しく、日本軍の戦争捕虜となった軍人や遺族の恨みは深いものがありました。地元の強い反対で、皇太子は予定していた訪問先を幾つかキャンセルもしました。

皇太子が英国に到着して間を置かず、チャーチル英首相は皇太子を昼食会に招き、英紙2紙の幹部を同席させます。新聞の幹部は英政府の強い働きかけで出席を承諾したもので、皇太子に向けられている反日的な空気や論調を変えようという意図が首相にはありました。これは一定の効果を生んだといわれています。

6月2日、ウェストミンスター寺院でエリザベス女王の戴冠式が行われました。世界の元首や賓客に交じって皇太子が参列したことは、日本の国際社会への復帰を象徴するものとなりました。

このあと皇太子はフランス、スペイン、イタリア、バチカン、ベルギー、オランダ、西ドイツ（当時）、デンマーク、スウェーデン、ノルウェー、スイスと回ります。英国を含めて西欧の12カ国を訪れました。そして米国を経由して日本に戻ったのは10月12日でした。

外遊中、皇太子に直接、戦争の遺恨がぶつけられることはありませんでした。しかし訪問した国の人々のまなざしが決して手放しの歓迎だけではないことを皇太子は肌で感じたはずで、日本に対する厳しい現地の新聞論調も側近から聞かされていました。それは皇太子にさまざまなことを考えさせる旅でもあったはずです。

のちに慰霊の旅といわれる戦災地めぐりや、戦争体験を重視する明仁天皇の姿勢は、この皇太子時代の旅に原点があると言っても間違いではないでしょう。

今上天皇がまだ浩宮と呼ばれていたころ、東大名誉教授の三谷太一郎氏（日本政治外交史）がご進講をしたことがあります。事前に明仁天皇を交えてご進講のテーマをご相談したとき、浩宮は明治時代に興味を持っていましたが、明仁天皇が「昭和の日本がどのようにして戦争に入っていったかを講義してもらいなさい」とおっしゃったそうです。将来、天皇となる息子に何を望まれていたかをうかがわせるエピソードです。

あの旅から59年。２０１２年5月、エリザベス女王の即位60年を祝う午餐会が、世界の二六人の君主・王族が参列してロンドン郊外のウィンザー城でもたれました。明仁天皇と美智子皇后も出席されましたが、１９５３年の戴冠式に列席しているのは天皇とベルギーのアルベール2世国王だけでした。

午餐会では両陛下はエリザベス女王、フィリップ殿下と同じメインのテーブルで、天皇は女王の左隣という2番手の上席を与えられました。女王の右手の最上席は、同じ欧州の伝統あるスウェーデン王室のカール16世グスタフ国王だったのは当然としても、美智子皇后が国王のすぐ右手の席を占めたことも驚きでした。「遠来の昔からの大切な友人です」との女王のメッセージでもあったように思います。この日のメニューです。

〈半熟卵にアスパラガス〉〈ウィンザー地方の仔羊、ポテト、アーティチョーク、エンドウ、ニンジンと共に、トマトとバジルのサラダを添えて〉〈ケント産のイチゴとバニラのケーキ、果物を添えて〉

天皇が英女王の隣に座り、食事を共にしながらなごやかに歓談するのは、戴冠式に列席した59年前は想像もできませんでした。午餐のあと、両陛下は広間の絵画を鑑賞し、ウィリアム王子夫妻と言葉を交わし、予定の時間を越えてウィンザー城に滞在されました。

英国滞在最終日、両陛下は日本大使公邸で英国在住の邦人約一〇〇人と面会しました。冒頭、天皇はあいさつで「ほぼ60年前、英国の対日感情が決して良好とは言えなかった時代に、昭和天皇の名代として戴冠式に列席した私には、今日まで日英間で結ばれてきた強い絆に深い感慨を覚えます。これはひとえに皆さん方在留邦人が、英国の人々と共にたゆみなく相互理解と友好を培ってきた努力の表れと思います」と述べられました。

日英関係を見守ってこられた天皇の深い感慨が伝わってきます。

今上天皇の外国体験

今上天皇が外国体験で父、祖父と決定的に違うのは留学をされたことです。1983年6月から2年4カ月間、英国のオックスフォード大学で学ばれました。

天皇は当時、親王の立場で、大学の寮生活を送られました。自分で洗濯をし、アイロンがけもし、食堂で朝昼夜と食事をとり、外国人の学生と日常的に交流しました。買い物もクレジットカードを使い、大学最寄りの店でコーヒー豆をひいてもらい、ヘアサロンで髪を切り、友人とパブにも通うなど、ふつうの暮らしを体験されました。父と祖父にはなかったことです。

徳仁親王には身辺警護で警察官二人が付きましたが、「その付き方は実にうまいものであった」と述べられているほどロー・プロファイル（目立たず）に徹していました。周囲から特別の目で見られることなく、ふつうの暮らしを楽しまれたのです。留学されていた時期は日本が世界第2の経済大国で、この点でも引け目を感じられることはなかったでしょう。戦後、日本が独立して1年半後、父が皇太子として欧米を回ったときの、国際社会が日本を見る目とは雲泥の差でした。

徳仁親王は大学の食堂で朝食をすますと、購読している英紙ザ・タイムズを郵便受けからとり、講義に行く前のひととき、自室で淹れたコーヒーを飲みながら新聞を読むのが日課でした。私も欧州で特派員をしましたから分かりますが、日本ではもっぱら東西の視点で国際関係を見ますが、欧州を拠点にすると東西とともに南北の視点が養われます。

かつて欧州列強は中東、アフリカ、南米など、「南」の国々を植民地、保護国にしました。この歴史的な関係は形を変えてつづいていて、太い政治、経済、文化的な絆を保持しています。移民や留学生も大勢いて、「南」の情報には事欠きません し、徳仁親王は毎日、英紙を読む習慣を身につけたことで、世界をグローバルに眺める目を養われただろうと私は想像します。

昭和天皇は若き日の欧州歴訪で、世界の国々との友誼の大切さを身をもって感じとりました。しかし不幸にして、時代のすう勢はそれを許しませんでした。上皇は皇太子として欧米諸国を訪れ、国際社会における敗戦国・日本の置かれた厳しい立場を痛いほど味わいました。

では英国留学は今上天皇にどのような影響を与えているのでしょう。私は「地球的視座に基づいた国際感覚」を挙げたいと思います。どういうことか説明しましょう。

徳仁親王が英国に留学していた時期は、国際政治の大きな転換点にあたります。1979年末から1980年代前半にかけ、米欧はソ連の中距離核ミサイルに対抗して中距離核戦力を配備し、東西の相互不信と緊張は最高潮に達しました。

しかし1984年12月、サッチャー英首相はソ連指導部でナンバー2の地位に就いた53歳のゴルバチョフを英国に招待。双方が腹蔵なく意見を戦わせたチェッカーズ（英首相別荘）での会談は、双方が満足する形で終わります。サッチャー首相は

「一緒に仕事ができる男」という有名な言葉をはきます。

翌1985年3月、ナンバー1の共産党書記長に就任したゴルバチョフは国内改革に着手し、対外的には西側との融和、軍縮に打って出ます。1983年6月から1985年10月まで留学していた徳仁親王は、まさにこの転換をお膝元の英国で目撃したのです。英紙を読み、テレビでニュースをフォローし、地球がギシギシと音を立てて動き始めたのを感じとったのではないでしょうか。

上皇は50代半ばまで、冷戦を所与のものとしてきました。これに対して今上天皇は30代を前にした1989年1月に昭和天皇が逝去し、11月には「ベルリンの壁」が崩壊して、冷戦に終止符が打たれました。

今上天皇の30代と重なる1990年代は、対立と確執に代わって協調と融和が時代の精神になるだろうとの期待が溢れました。地球市民という概念が広く共有され、気候変動や環境、生物多様性など地球規模の課題が人々の関心をとらえていきます。

NGO（非政府組織）のネットワークが国境を越えて広がり、対人地雷廃絶の運動を推進したNGOの連合体「地雷禁止国際キャンペーン」と、国際人道援助NG

O「国境なき医師団」が、それぞれ1997年と1999年にノーベル平和賞を受賞しました。国や国連やNGOなど多様な主体が協働して地球規模の問題解決に取り組むグローバルガバナンスという概念が生まれたのも90年代です。

21世紀に入った2001年11月の米同時多発テロを契機に、この流れに逆流が生まれるのですが、今上天皇が20代半ばから40代はじめにかけての時期に、胸一杯に融和と協調の空気を吸われたことは決して小さくはありません。地球を俯瞰する視野と、人々の善意と可能性と連帯への信頼という時代精神が、今上天皇の内に刻印されているのではないかと感じるからです。「地球的視座に基づいた国際感覚」とはそういうことです。

大学時代に瀬戸内海の「水運」や、英テムズ川の「水上交通」をテーマで始められた研究は、その後「水」という視点に立って、衛生・環境・災害などのグローバルな課題に向き合われています。1987年の初講演から2018年の世界水フォーラムの基調講演まで全9編を収めたご著書『水運史から世界の水へ』のタイトルそのものに、今上天皇の認識の深まりのプロセスがうかがえます。

ちなみに今上天皇は皇太子だった2007年、国連「水と衛生に関する諮問委員会」の名誉総裁に就任しています。日本の皇族が国連などの常設の国際機関の役職に就くのははじめてのことです。

地球的視座と伝統文化

今上天皇と上皇は以上のような世界に対する視点の違いがありますが、もう一つ指摘しなければならないのは人々との向き合い方の違いです。

昭和天皇は終戦をはさみ、大日本帝国憲法の「統治権の総攬者」としての天皇と、日本国憲法の「象徴天皇」としての天皇を、半々ずつ経験されました。ただ象徴天皇となってからも意識と振る舞いは君主としてのそれでした。自らの権威を常に意識し、それに基づいて行動されてきました。

この君主としての意識は明仁天皇にもありました。即位したときから象徴だった初めての天皇ですが、小学校高学年まで大日本帝国憲法の下で育ち、昭和天皇の振る舞いや考えに身近で接していたことを考えれば当然です。

今上天皇には日本国民を統合する象徴として自分はあらねばならないとの自覚はおありでしょう。しかし見てきたように、今上天皇が歩んでこられた環境と時代は父と大きく異なります。今上天皇には君主としての意識は乏しく、人々と対等にあるとの意識が多くを占めているように感じます。この「対等性」は今上天皇を人々により近しい存在にし、権威よりも親しみを感じさせることになると見ることもできます。

ただこれはコインの表と裏で、一つ間違えるとポピュリズムや俗世間的な批判の波に洗われ、皇室の威信と尊厳を傷つけるリスクもはらんでいます。第6章「皇室ファミリー」で言及した眞子さまの問題もそうですが、SNSなどのソーシャルメディアによって世論は一方向に増幅されがちです。この点で、世論とどう向き合うかは皇室にとってますます難しい課題になるでしょう。

ところで世界の中の天皇と皇室を考えるとき、押さえておくべきは国際性とは別に、天皇は長い伝統を踏まえた日本文化の継承者であるという点です。天皇を中心とする皇室は、縄文・弥生時代のアニミズム・シャーマニズム・神話世界というユニークな文化土壌をいまに保持し、祭祀や儀礼という形で継承してきました。また第3章「歌会始と和歌・短歌」のところでも述べましたが、天皇は超一級の有形・無形民俗文化遺産の継承者で保護者でもあります。ここに天皇と皇室の権威の根拠を求めようと主張する学者もいます。

全国各地の祭りや芸能や神楽や詩歌などの文化の多くも、歴史をたどればその中心に天皇がいました。文化を通じて天皇と人々はつながってきました。

地球的視座を踏まえた国際感覚と伝統文化の保持者。これはグローバリズムとミニマリズムという相異なる二つのベクトルの包摂《ほうせつ》でもあり、21世紀の象徴天皇制の意義を示唆しているのではないでしょうか。

ほとんどの先進国では、アニミズム・シャーマニズム・神話に彩られた土着信仰は、ユダヤ教、キリスト教、イスラム教といった一神教にとって代わられ、合理精神に基づく社会建設へと向かうことになりました。神道にもみられるようなアニミズム系文化が息づいている日本は、先進国のなかでもかなり特殊です。

天皇と皇室が受け継いできた超一級の有形・無形民俗文化遺産と、それとつながる各地の祭りや芸能などの文化。これをグローバルな地球的視座のなかに位置づけることで、日本の文化を相対化し、同時にその固有性と独自性を、偏狭なナショナリズムに堕することなく内外に発信していく。ここに21世紀の世界における皇室の意義があるように思います。

アニミズム系文化は自然の生態系を大切にするエコロジー思想や多文化共生にも通じ、一神教の排他性とも無縁です。私たちは強固な文化基盤としてこのアニミズム系文化を保持しており、祭祀、儀礼、祈り、振る舞いなどを通してそれを体現してきた皇室はその象徴的存在です。

気候変動、多様な種の保存、地球環境保護……。グローバルな今日的な課題が山積するなか、日本の象徴天皇制は新しい時代に即した意義を持っていると思うのです。

おわりに

本書は皇室についての著作としては私にとって3冊目となります。前2冊が、国際政治や外交の枠組みの中に天皇と皇室を据えたとき、どのような風景が見えるかを描きました。本書は天皇と皇室のそのものの姿を知ってもらうのが狙いです。

もとよりこれは学術書ではなく、紙幅の制約もあって、個々の記述は森に分け入ってというわけにはいきません。それでも天皇と皇室の全体像と、その今日的な役割と課題を、ポイントをはずさないようにしたつもりです。

ただ「教養として学ぶ」というタイトルから、事柄や出来事、固有名詞などの説明が中心の、静止画像のような入門書ととられるかもしれません。しかし私が企図したのはその反対です。

いまに連綿とつづく皇室が、天皇という中心人物を得て、どのように時代に適応し、またときに歴史に翻弄されながらも、日本の最高の権威的存在として、そして伝統と文化の継承者として今日があるのか、その静かなダイナミズムといったものを描こうと心がけました。それが達せられたかどうかは読者の判断に委ねます。

かつて新聞社のローマ特派員だったとき、ローマ法王庁（バチカン）に取材や面会のため時折出向きました。静寂に包まれた石づくりの伽藍の下を、足音を小さく響かせながら歩いているとき、ふと目に入る高い天井の、構築的でがっちりとした揺るぎのない躯体に、２０００年の歴史の重みを感じたものでした。案内された室内には、金銀の装飾品や絵や写真類がこれでもかと置かれていました。

一方、皇居・宮殿はそうした構築的なものからほど遠く、大きな庇《ひさし》が長くつき出た腰の低い、典型的な和風建築です。内部の装飾も品のいい絵か花が1カ所あるだけで、障子が微妙な陰影を作る引き算の美意識です。

歴史と伝統の長さと「祈り」という点では共通する両者ですが、前者は一神教のカトリック、後者はアニミズム、神話世界など神道的な文化土壌。この精神性の違いが建物と装飾に象徴的に表れています。

いまも国際政治をフォローしている筆者にとって、世界の中の皇室を意識しながら執筆した数カ月でした。取材でお世話になった方のお名前は、個々には挙げませんが、この場を借りて感謝の念をお伝えしたいと思います。また先行研究に大いに助けられました。これは巻末に主要参考文献として挙げております。編集者の田島孝二氏にもお世話になりました。

最後にお断りを。煩雑さを避けるため、本書では天皇、皇后を含め皇族方の敬称を省略し、夫妻の場合だけ両陛下としました。

2021年7月

西川　恵

象徴としてのお務めについての明仁天皇のおことば（2016年8月8日）

戦後70年という大きな節目を過ぎ、2年後には、平成30年を迎えます。

私も80を越え、体力の面などから様々な制約を覚えることもあり、ここ数年、天皇としての自らの歩みを振り返るとともに、この先の自分の在り方や務めにつき、思いを致すようになりました。

本日は、社会の高齢化が進む中、天皇もまた高齢となった場合、どのような在り方が望ましいか、天皇という立場上、現行の皇室制度に具体的に触れることは控えながら、私が個人として、これまでに考えて来たことを話したいと思います。

即位以来、私は国事行為を行うと共に、日本国憲法下で象徴と位置づけられた天皇の望ましい在り方を、日々模索しつつ過ごして来ました。伝統の継承者として、これを守り続ける責任に深く思いを致し、更に日々新たになる日本と世界の中にあって、日本の皇室が、いかに伝統を現代に生かし、いきいきとして社会に内在し、人々の期待に応えていくかを考えつつ、今日に至っています。

そのような中、何年か前のことになりますが、2度の外科手術を受け、加えて高齢による体力の低下を覚えるようになった頃から、これから先、従来のように重い務めを果たすことが困難になった場合、どのように身を処していくことが、国にとり、国民にとり、また、私のあとを歩む皇族にとり良いことであるかにつき、考えるようになりました。既に80を越え、幸いに健康であるとは申せ、次第に進む身体の衰えを考慮する時、これまでのように、全身全霊をもって象徴の務めを果たしていくことが、難しくなるのではないかと案じています。

私が天皇の位についてから、ほぼ28年、この間《かん》私は、我が国における多くの喜びの時、また悲しみの時を、人々と共に過ごして来ました。私はこれまで天皇の務めとして、何よりもまず国民の安寧と幸せを祈ることを大切に考えて来ましたが、同時に事にあたっては、時として人々の傍らに立ち、その声に耳を傾け、思いに寄り添うことも大切なことと考えて来ました。天皇が象徴であると共に、国民統合の象徴としての役割を果たすためには、天皇が国民に、天皇という象徴の立場への理解を求めると共に、天皇もまた、自らのありように深く心し、国民に対する理解を深め、常に国民と共にある自覚を自らの内に育てる必要を感じて来ました。こうした意味において、日本の各地、とりわけ遠隔の地や島々への旅も、私は天皇の象徴的行為として、大切なものと感じて来ました。皇太子の時代も含め、これまで私が皇后と共に行《おこな》って来たほぼ全国に及ぶ旅は、国内のどこにおいても、その地域を愛し、その共同体を地道に支える市井《しせい》の人々のあることを私に認識させ、私がこの認識をもって、天皇として大切な、国民を思い、国民のために祈るという務めを、人々への深い信頼と敬愛をもってなし得たことは、幸せなことでした。

天皇の高齢化に伴う対処の仕方が、国事行為や、その象徴としての行為を限りなく縮小していくことには、無理があろうと思われます。また、天皇が未成年であったり、重病などによりその機能を果たし得なくなった場合には、天皇の行為を代行する摂政を置くことも考えられます。しかし、この場合も、天皇が十分にその立場に求められる務めを果たせぬまま、生涯の終わりに至るまで天皇であり続けることに変わりはありません。

天皇が健康を損ない、深刻な状態に立ち至った場合、これまでにも見られたように、社会が停滞し、国民の暮らしにも様々な影響が及ぶことが懸念されます。更にこれまでの皇室のしきたりとして、天皇の終焉に当たっては、重い殯《もがり》の行事が連日ほぼ2ヶ月にわたって続き、その後喪儀《そうぎ》に関連する行事が、1年間続きます。その様々な行事と、新時代に関わる諸行事が同時に進行することから、行事に関わる人々、とりわけ残される家族は、非常に厳しい状況下に置かれざるを得ません。こうした事態を避けることは出来ないものだろうかとの思いが、胸に去来することもあります。

始めにも述べましたように、憲法の下《もと》、天皇は国政に関する権能を有しません。そうした中で、このたび我が国の長い天皇の歴史を改めて振り返りつつ、これからも皇室がどのような時にも国民と共にあり、相たずさえてこの国の未来を築いていけるよう、そして象徴天皇の務めが常に途切れることなく、安定的に続いていくことをひとえに念じ、ここに私の気持ちをお話しいたしました。
国民の理解を得られることを、切に願っています。

出典：宮内庁ホームページ

天皇系図

傍の数字は在位年、下の数字は代数。記載は原則として皇統譜に基づく。

神武《じんむ》天皇1 前六六〇—五八五
綏靖《すいぜい》天皇2 前五八一—四九
安寧《あんねい》天皇3 前五四九—一一
懿徳《いとく》天皇4 前五一〇—四七七
孝昭《こうしょう》天皇5 前四七五—三九三
孝安《こうあん》天皇6 前三九二—二九一

孝靈《こうれい》天皇7 前二九〇—一五
孝元《こうげん》天皇8 前二一四—一五八
開化《かいか》天皇9 前一五八—九八
崇神《すじん》天皇10 前九七—三〇
垂仁《すいにん》天皇11 前二九—後七〇
景行《けいこう》天皇12 七一—一三〇

成務《せいむ》天皇13 一三一—九〇

日本武尊《やまとたけるのみこと》
仲哀《ちゅうあい》天皇14 一九二—二〇〇
應神《おうじん》天皇15 二七〇—三一〇
仁徳《にんとく》天皇16 三一三—九九

履中《りちゅう》天皇17 四〇〇—五
反正《はんぜい》天皇18 四〇六—一〇
允恭《いんぎょう》天皇19 四一二—五三

安康《あんこう》天皇20 四五三—六
雄略《ゆうりゃく》天皇21 四五六—七九
清寧《せいねい》天皇22 四八〇—四

磐坂市辺押磐皇子《いわさかのいちのべのおしは》
顯宗《けんぞう》天皇23 四八五—七
仁賢《にんけん》天皇24 四八八—九八
武烈《ぶれつ》天皇25 四九八—五〇六

稚野毛二派皇子《わかぬけふたまた》
意富富杼王《おはほど》
乎非王《おひ》
彦主人王《ひこうし》
繼體《けいたい》天皇26 五〇七—三一

次ページへ

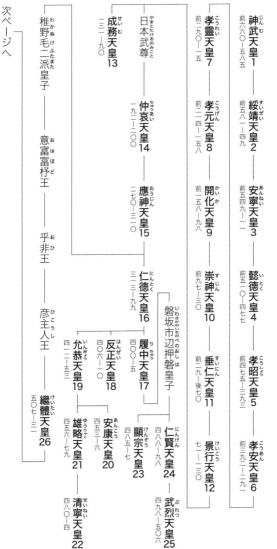

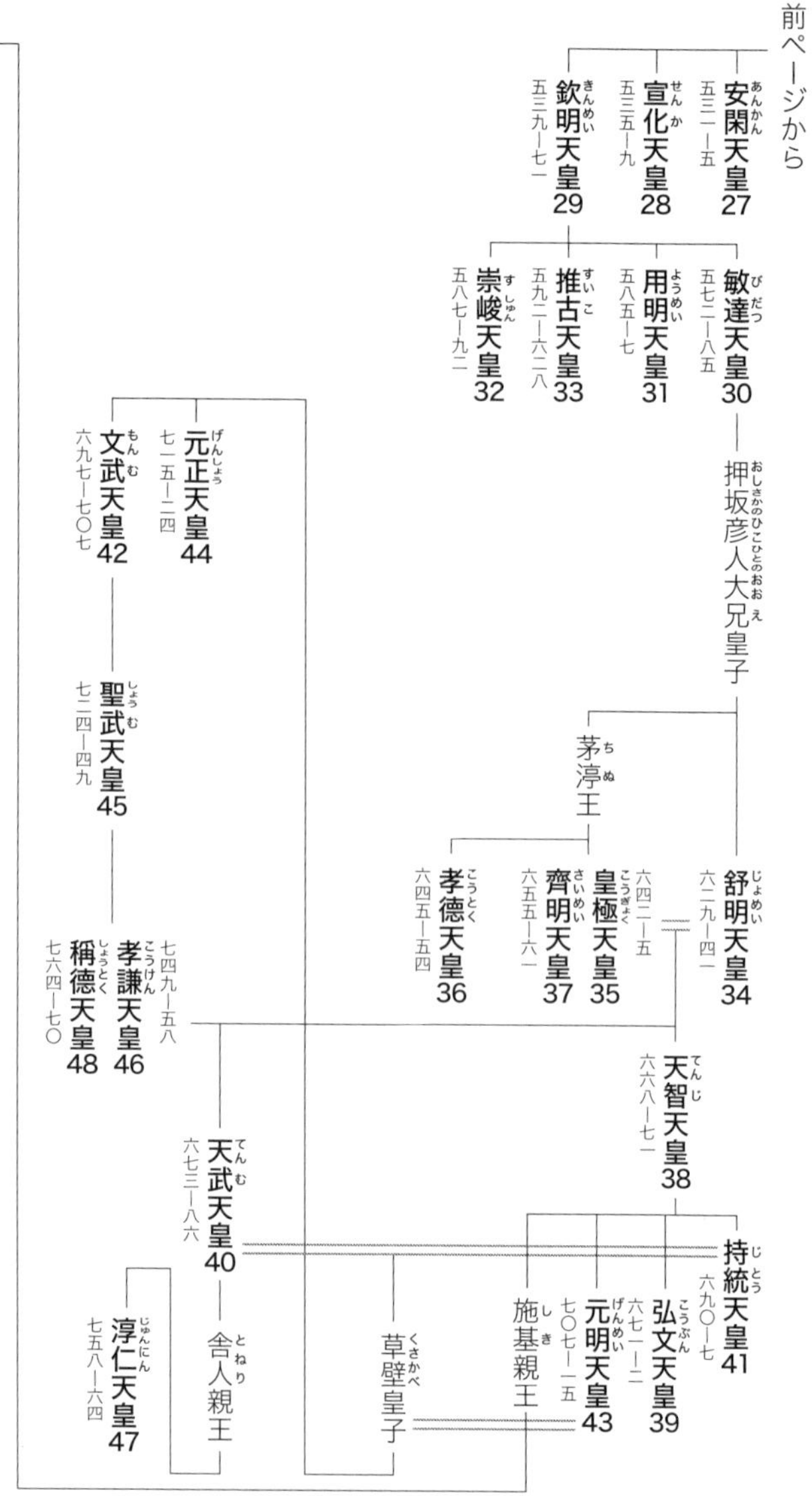
前ページから
安閑《あんかん》天皇27
五三一—五
宣化《せんか》天皇28
五三五—九
欽明《きんめい》天皇29
五三九—七一
敏達《びだつ》天皇30
五七二—八五
用明《ようめい》天皇31
五八五—七
推古《すいこ》天皇33
五九二—六二八
崇峻《すしゅん》天皇32
五八七—九二
押坂彦人大兄《おしさかのひこひとのおおえ》皇子
茅渟《ちぬ》王
舒明《じょめい》天皇34
六二九—四一
皇極《こうぎょく》天皇35
六四二—五
齊明《さいめい》天皇37
六五五—六一
孝徳《こうとく》天皇36
六四五—五四
天智《てんじ》天皇38
六六八—七一
持統《じとう》天皇41
六九〇—七
弘文《こうぶん》天皇39
六七一—二
元明《げんめい》天皇43
七〇七—一五
施基《しき》親王
草壁《くさかべ》皇子
天武《てんむ》天皇40
六七三—八六
舎人《とねり》親王
淳仁《じゅんにん》天皇47
七五八—六四
孝謙《こうけん》天皇46
七四九—五八
稱徳《しょうとく》天皇48
七六四—七〇
聖武《しょうむ》天皇45
七二四—四九
元正《げんしょう》天皇44
七一五—二四
文武《もんむ》天皇42
六九七—七〇七

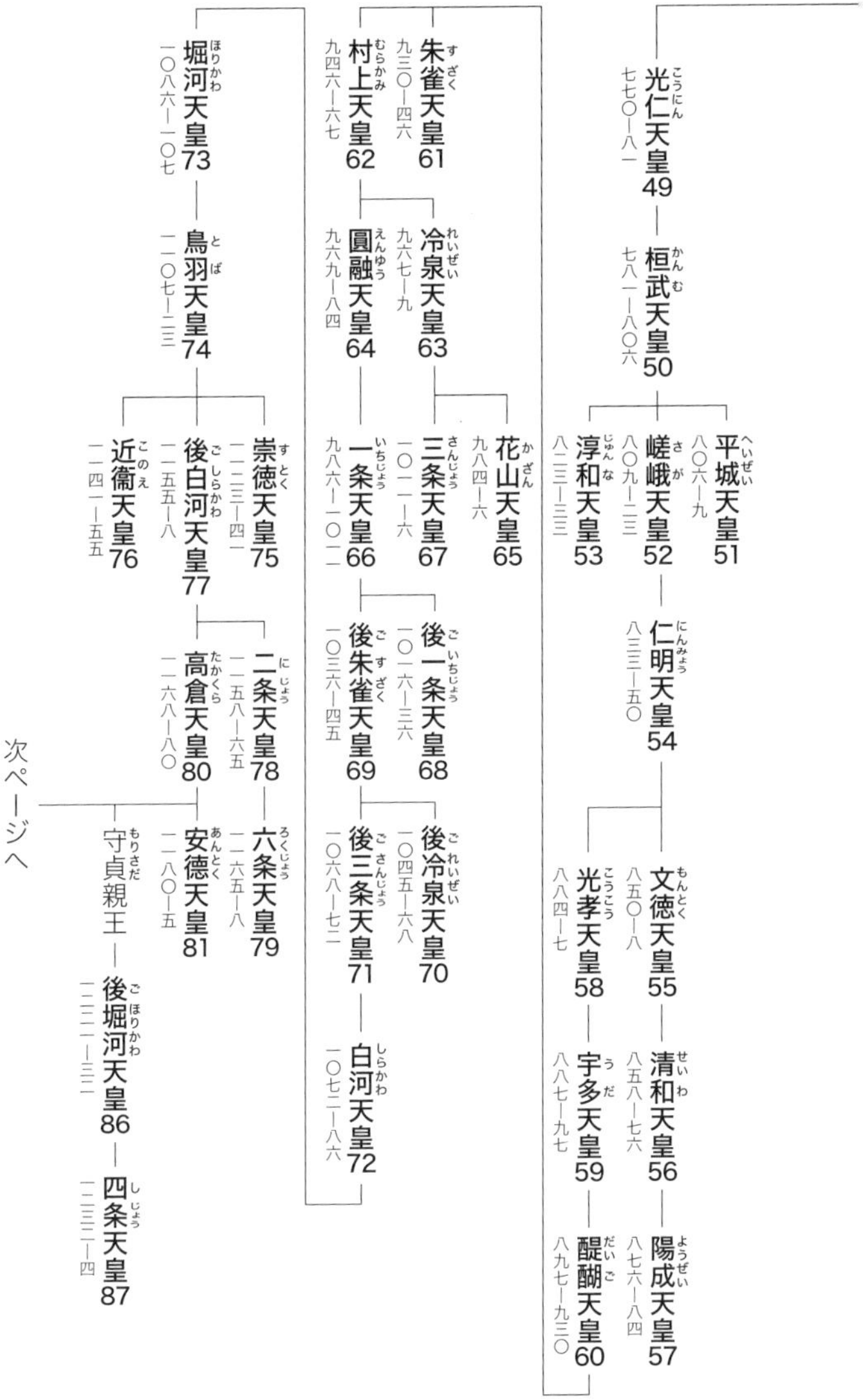
光仁《こうにん》天皇49 七七〇—八一
桓武《かんむ》天皇50 七八一—八〇六
平城《へいぜい》天皇51 八〇六—九
嵯峨《さが》天皇52 八〇九—二三
淳和《じゅんな》天皇53 八二三—三三
仁明《にんみょう》天皇54 八三三—五〇
文徳《もんとく》天皇55 八五〇—八
清和《せいわ》天皇56 八五八—七六
陽成《ようぜい》天皇57 八七六—八四
光孝《こうこう》天皇58 八八四—七
宇多《うだ》天皇59 八八七—九七
醍醐《だいご》天皇60 八九七—九三〇
朱雀《すざく》天皇61 九三〇—四六
村上《むらかみ》天皇62 九四六—六七
冷泉《れいぜい》天皇63 九六七—九
圓融《えんゆう》天皇64 九六九—八四
花山《かざん》天皇65 九八四—六
一条《いちじょう》天皇66 九八六—一〇一一
三条《さんじょう》天皇67 一〇一一—六
後一条《ごいちじょう》天皇68 一〇一六—三六
後朱雀《ごすざく》天皇69 一〇三六—四五
後冷泉《ごれいぜい》天皇70 一〇四五—六八
後三条《ごさんじょう》天皇71 一〇六八—七二
白河《しらかわ》天皇72 一〇七二—八六
堀河《ほりかわ》天皇73 一〇八六—一一〇七
鳥羽《とば》天皇74 一一〇七—二三
崇徳《すとく》天皇75 一一二三—四一
近衛《このえ》天皇76 一一四一—五五
後白河《ごしらかわ》天皇77 一一五五—八
二条《にじょう》天皇78 一一五八—六五
六条《ろくじょう》天皇79 一一六五—八
高倉《たかくら》天皇80 一一六八—八〇
安徳《あんとく》天皇81 一一八〇—五
守貞《もりさだ》親王
後堀河《ごほりかわ》天皇86 一二二一—三二
四条《しじょう》天皇87 一二三二—四
次ページへ

前ページから

後鳥羽《ごとば》天皇82 一一八三—九八

土御門《つちみかど》天皇83 一一九八—一二一〇

順徳《じゅんとく》天皇84 一二一〇—二一

後嵯峨《ごさが》天皇88 一二四二—四六

仲恭《ちゅうきょう》天皇85 一二二一—同

後深草《ごふかくさ》天皇89 一二四六—五九

伏見《ふしみ》天皇92 一二八七—九八

後伏見《ごふしみ》天皇93 一二九八—三〇

花園《はなぞの》天皇95 一三〇八—一八

光厳《こうごん》天皇北1 一三三一—三

光明《こうみょう》天皇北2 一三三六—四八

崇光《すこう》天皇北3 一三四八—五一

後光厳《ごこうごん》天皇北4 一三五二—七一

栄仁《よしひと》親王

後圓融《ごえんゆう》天皇北5 一三七一—八二

貞成《さだふさ》親王

後小松《ごこまつ》天皇100 一三八二—一四一二

称光《しょうこう》天皇101 一四一二—二八

亀山《かめやま》天皇90 一二五九—七四

後宇多《ごうだ》天皇91 一二七四—八七

後二条《ごにじょう》天皇94 一三〇一—八

後醍醐《ごだいご》天皇96 一三一八—三九

後村上《ごむらかみ》天皇97 一三三九—六八

長慶《ちょうけい》天皇98 一三六八—八三

後亀山《ごかめやま》天皇99 一三八三—九二

後花園《ごはなぞの》天皇102 一四二八—六四

御土御門《ごつちみかど》天皇103 一四六四—一五〇〇

後柏原《ごかしわばら》天皇104 一五〇〇—二六

後奈良《ごなら》天皇105 一五二六—五七

正親町《おおぎまち》天皇106 一五五七—八六

誠仁《さねひと》親王

後陽成《ごようぜい》天皇107 一五八六—一六一一

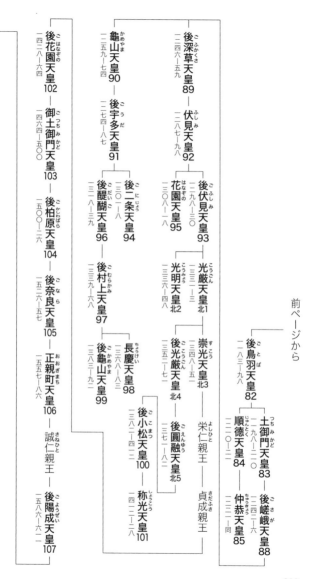

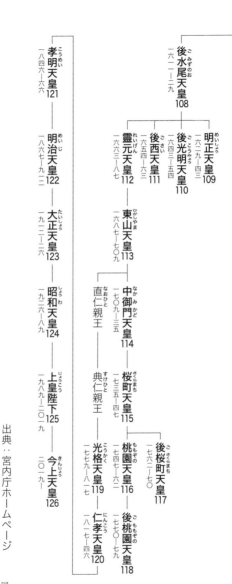

後《ご》水尾《みずのお》天皇 108 一六一一—二九

明正《めいしょう》天皇 109 一六二九—四三
後《ご》光明《こうみょう》天皇 110 一六四三—五四
後西《ごさい》天皇 111 一六五四—六三
靈元《れいげん》天皇 112 一六六三—八七

東山《ひがしやま》天皇 113 一六八七—一七〇九

中御門《なかみかど》天皇 114 一七〇九—三五
直仁《なおひと》親王

桜町《さくらまち》天皇 115 一七三五—四七
典仁《すけひと》親王

桃園《ももぞの》天皇 116 一七四七—六二
後《ご》桜町《さくらまち》天皇 117 一七六二—七〇
後《ご》桃園《ももぞの》天皇 118 一七七〇—七九

光格《こうかく》天皇 119 一七七九—一八一七
仁孝《にんこう》天皇 120 一八一七—四六

孝明《こうめい》天皇 121 一八四六—六六
明治《めいじ》天皇 122 一八六七—一九一二
大正《たいしょう》天皇 123 一九一二—二六
昭和《しょうわ》天皇 124 一九二六—八九
上皇《じょうこう》陛下 125 一九八九—二〇一九
今上《きんじょう》天皇 126 二〇一九—

出典：宮内庁ホームページ

皇室の構成図

□　崩御《ほうぎょ》・薨去《こうきょ》された方

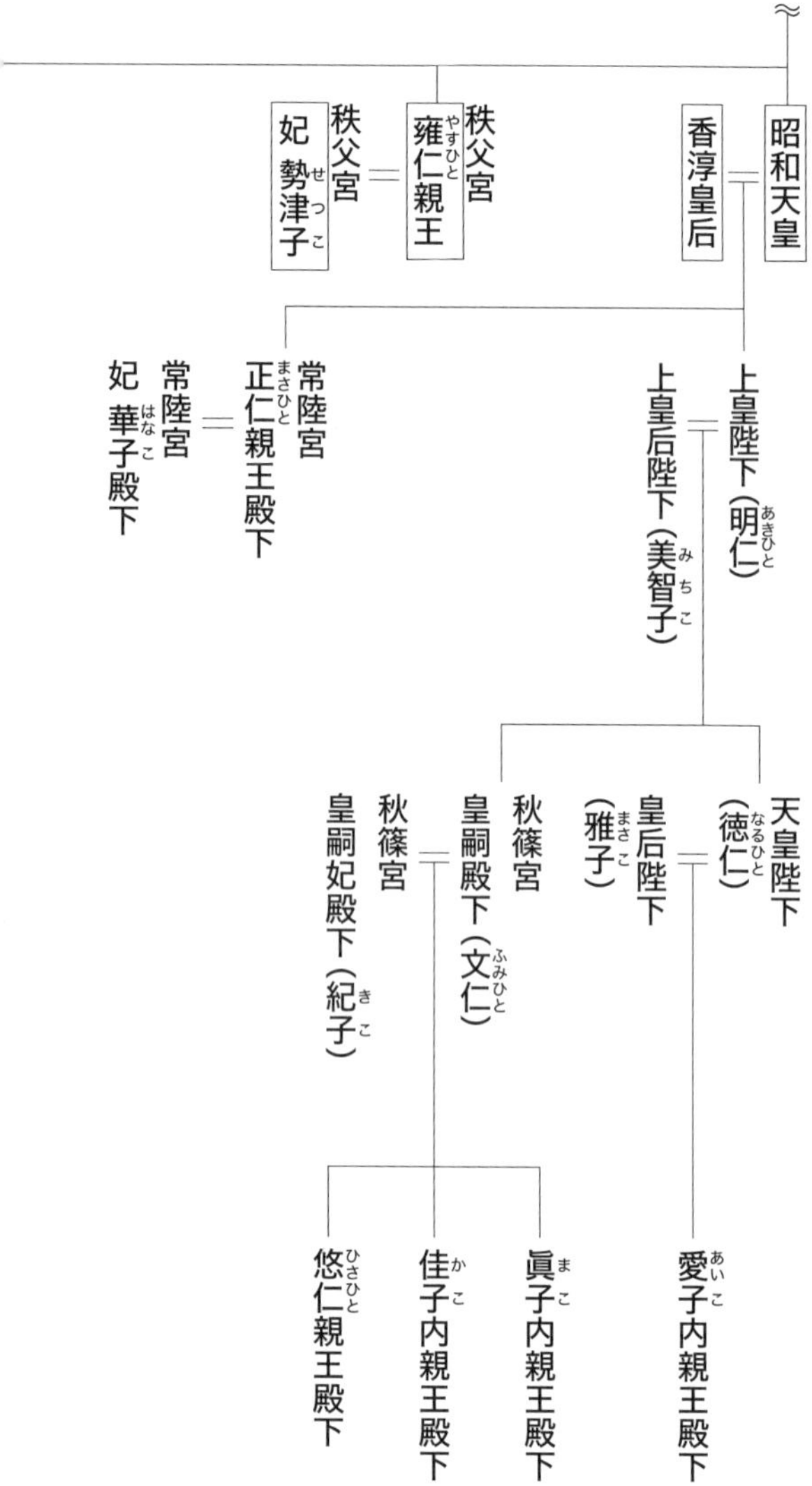

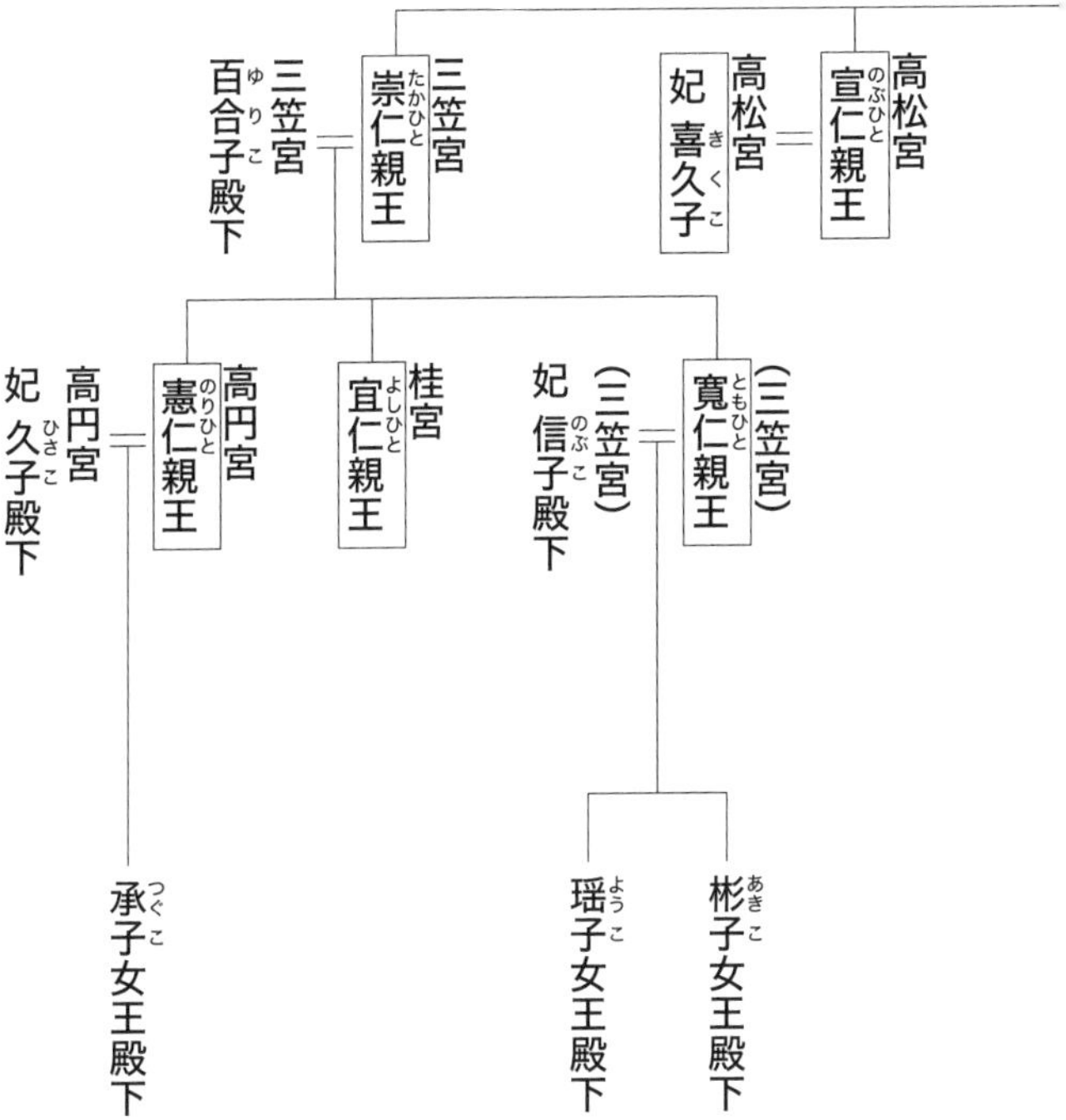

出典：宮内庁ホームページ

主要参考文献

池田維『激動のアジア外交とともに　外交官の証言』(中央公論新社)
卜部亮吾『昭和天皇最後の側近　卜部亮吾　侍従日記』第1〜5巻（朝日新聞社）
E・G・ヴァイニング『皇太子の窓』(文藝春秋)
大津透『古代の天皇制』(岩波書店)
大澤真幸・本郷和人『〈女〉としての天皇』(左右社)
小田部雄次『天皇と宮家　消えた十一宮家と孤立する天皇家』(新人物文庫)
加瀬英明編『宮中晩餐会　お言葉と答辞』(日本教文社)
河西秀哉『近代天皇制から象徴天皇制へ』(吉田書店)
笠原英彦『歴代天皇総覧』(中公新書)
君塚直隆『立憲君主制の現在』(新潮選書)
工藤隆『古事記の起源』(中公新書)
工藤隆『女系天皇　天皇系譜の源流』(朝日新書)
工藤隆『大嘗祭』(中公新書)
久能靖『カラー図説　天皇の祈りと宮中祭祀』(勉誠出版)
熊谷公男『大王から天皇へ』(講談社)
ベン=アミー・シロニー『母なる天皇』(大谷堅志郎訳、講談社)
椎谷哲夫『皇室入門』(幻冬舎新書)
鈴木健一『天皇と和歌　国見と儀礼の一五〇〇年』(講談社選書メチエ)
高橋紘『象徴天皇』(岩波新書)
寺沢薫『王権誕生』(講談社)

所功『象徴天皇『高齢譲位』の真相』（ベスト新書）
徳仁親王『テムズとともに』（学習院教養新書）
西川恵『皇室はなぜ世界で尊敬されるのか』（新潮新書）
西川恵『知られざる皇室外交』（角川新書）
西川恵「雅子皇后の『おもてなし』」（月刊文藝春秋２０１９年11月号）
沼田貞昭「日英戦後和解１９９４―１９９８年」（「軍事史学」第48巻第３号　抜刷）
沼田貞昭　講演録「日英戦後和解（１９９４―１９９８年）」関口グローバル研究会ＮＯ66
波多野勝『裕仁皇太子　ヨーロッパ外遊記』（草思社）
波多野勝『明仁皇太子　エリザベス女王戴冠式列席記』（草思社）
御厨貴編著『天皇退位　何が論じられたのか』（中公選書）
村田良平『村田良平回想録』上下巻（ミネルヴァ書房）
保阪正康『天皇のイングリッシュ』（廣済堂新書）
森暢平『天皇家の財布』（新潮新書）
吉川重国『戴冠紀行』（毎日新聞社）
吉田裕・瀬畑源・河西秀哉編『平成の天皇制とは何か　制度と個人のはざまで』（岩波書店）
脇田晴子『天皇と中世文化』（吉川弘文館）
渡邉允『天皇家の執事　侍従長の十年半』（文藝春秋）
『古代天皇制を考える』（講談社学術文庫）
『天皇の歴史』１～10（講談社学術文庫）
Valérie Trierweiler『Merci pour ce moment』Les arènes
日本の主要日刊紙、共同通信社、米英仏などの日刊紙
宮内庁をはじめとする各国の政府・王宮・大統領官邸などのホームページ

●著者プロフィール
西川恵（にしかわ・めぐみ）
毎日新聞社客員編集委員。長崎県出身。1971年毎日新聞社入社。テヘラン、パリ、ローマの各特派員、外信部長を経て専門編集委員。2020年3月までの18年間、国際政治・外交・文化についてのコラムを毎週朝刊に執筆。2014年から現職。公益財団法人日本交通文化協会常任理事。著書に『エリゼ宮の食卓』（新潮社、1997年度サントリー学芸賞）、『ワインと外交』（新潮社）、『国際政治のゼロ年代』（毎日新聞社）、『知られざる皇室外交』（角川新書）など。近著に『皇室はなぜ世界で尊敬されるのか』（新潮新書）。共訳に『超大国アメリカの文化力』（岩波書店）。仏国家功労勲章シュヴァリエ。

マイナビ新書

教養として学んでおきたい日本の皇室

2021年7月31日　初版第1刷発行

著　者　西川恵
発行者　滝口直樹
発行所　株式会社マイナビ出版
〒101-0003　東京都千代田区一ツ橋2-6-3　一ツ橋ビル2F
TEL 0480-38-6872（注文専用ダイヤル）
TEL 03-3556-2731（販売部）
TEL 03-3556-2735（編集部）
E-Mail pc-books@mynavi.jp（質問用）
URL https://book.mynavi.jp/

装幀　小口翔平＋三沢稜＋後藤司（tobufune）
DTP　富宗治
本文写真提供　宮内庁
印刷・製本　中央精版印刷株式会社

　ISBN978-4-8399-7574-6
Printed in Japan